외 길 인 생
나는 대한민국 양복장이 박정열이다

외길인생
—

초판 1쇄 인쇄 2017년 9월 8일
초판 1쇄 발행 2017년 9월 28일

—

지은이   박정열
발행인   문현광

—

교정교열   문현광, 조세현
디자인   정현도
마케팅   김태성, 김경준, 김현후

—

발행처   하움출판사
홈페이지   http://haum.kr/
출판문의   070 - 7617 - 7779
FAX   062-716-8533

ISBN   979-11-88461-03-5

* 좋은 책을 만들겠습니다.
* 하움출판사는 독자 여러분의 의견에 항상 귀 기울이고 있습니다.
* 이 책은 저작권법에 따라 보호받는 저작물이므로 무단전재와 무단복제를 금지하며, 이 책 내용의 전부 또는 일부를 이용하려면 반드시 저작권자와 하움출판사의 서면동의를 받아야 합니다.
* 파본은 구입처에서 교환해 드립니다.

하움출판사

Prologue

제품이 아닌
인생을 만들어간 'Tailor'

  한 땀, 한 땀, 실선이 옷감을 뚫고 길을 이어간다. 손끝이 휘저을 때마다 깜깜한 여백 위로 몸의 곡선이 훤히 드러나면 그제야 허리를 펴고 잠시 숨을 돌린다. 마냥 늘어져있던 원단이 빳빳하게 깃을 세워 제법 그럴듯한 옷의 형태를 갖추게 되자 이번에는 내가 긴장을 풀고 늘어져버렸다. 한 번의 작업마다 반복되는 탈진이 익숙해진 건 이미 오래전의 일이다.

  나는 '테일러'이다. 누군가의 옷을 만들어 입히는 일은 지금껏 수도 없이 해온 작업이지만 여전히 한 땀의 바느질에 늘 신경이 곤두서게 된다. 옷의 미세한 주름 하나도 몇 십번은 고쳐 세우는 바람에 얼굴에는 옷보다 많은 주름이 남겨져버렸다. 덕분에 나는 매번 새로운 패턴의 얼굴을 입고 살아간다.

주름 하나 없어질 때마다 그것 또한 열심히 산 지난날의 훈장이지 싶어, 옷섶을 기울일 때에도 혼신의 힘을 다한다. 그래서 한편으로는 자신을 괴롭히는 일을 스스럼없이 하는 폭군일 때도 많다. 원단을 재고 자르고 꿰매고 뜯고를 반복하며 손가락이 얼얼하게 시린 밤에야 작업을 멈추는 날들의 연속이다. 그런 나를 볼 때마다 몇몇 사람들은 이해할 수 없다는 듯 고개를 젓기도 했다. 신입도 아닌 50년 이상 옷깃을 만지던 베테랑의 작업치고는 과한 것이 아닌가 싶어서이다.

물론 기술적으로 옷을 만드는 것은 내게 그리 어려운 일이 아니다. 하지만 옷에 대한 나의 철학은 그 일을 세상에서 제일 어렵게 만들어준다. 가끔 나는 내 자신에게 '옷이란 과연 무엇인가?'를 되묻곤 하는데 그때마다 나의 답은 확실하고 명료했다. 옷은 단순한 패션이 아닌 '한 사람의 역사'라는 사실이다. 가령 이런 말이 있다.

"나에게 패션은 옷에서 끝나는 것이 아니다. 그것은 당신이 앉아있는 의자, 마시는 잔이며, 알고 있는 모든 것, 삶에 대한 철학, 기호이다."

그 말처럼 나 역시 옷은 자기표현인 동시에 한 사람이 살았던 인생의 흔적을 여실히 드러내는 상징으로 여기고 있다.

고객이 옷을 맞추러 오면 재단사는 치수부터 잰다. 목에서 가슴, 허리, 엉덩이 둘레와 키, 팔, 다리 길이 등 신체 지수를 꼼꼼히 체크하는

데 이를 채촌(採寸)이라고 부른다. 이것이 몸에 딱 맞는 옷을 만들기 위한 첫 단계이다.

　재단사는 채촌을 하면서 고객의 몸의 형태나 자세, 움직임 등을 파악하게 된다. 어깨가 안으로 굽은 경우, 유난히 한쪽 팔다리가 짧은 경우, 잔 근육이 붙어 탄탄한 몸, 배만 불룩하게 살이 찐 경우 등등. 미세한 몸의 균열도 채촌을 하는 과정에서 여실히 드러나곤 한다. 이처럼 사람들은 제각기 삶의 방식을 몸으로 나타내며, 재단사는 이를 통해 고객의 인생을 읽게 되는 것이다. 그리하여 고객의 몸에 맞게 탄생한 옷은 그의 삶을 반영한다고 해도 과언이 아니다.

　나는 채촌표를 바탕으로 고객이 일생동안 입은 슈트 중 가장 잘 맞고 편안한 옷을 만들려 노력한다. 그것은 옷이라는 제품을 만드는 것이 아니라 한 사람의 몸의 곡선을 따라 담겨진 인생의 흐름을 한 땀씩 엮어가는 작업이라 여기기 때문이다.

　더욱이 맞춤옷이란 것이 어느 때 입는 것인가? 좋은 자리를 빛내기 위해 큰맘 먹고 지어 입는 것이 아닌가. 어찌 보면 과거의 인생뿐만 아니라 미래의 삶까지 보여주는 것이 맞춤양복이다. 그것을 생각하면 더욱 허투루 작업할 수 없다. 고객이 좋은 자리에서 귀한 대접을 받도록 하는 것까지가 나의 몫인 셈이다.

　내 손에서 또 어떤 이의 삶이 한 벌의 옷으로 탄생되는 순간이 바로 내 역사이기도 하다. 내가 그들을 위한 작품을 만들면 그 모든 것은 이미 나의 인생이 됐다. 전주의 조그만 양복점에서 허드렛일을 하며 어깨너머로 재단일을 배우던 때부터 오늘날까지, 50여년의 세월에 무수히 많은 타인의 삶이 거쳐 갔다. 그 속에서 옷과 함께 인생을 재단해 온 나의 이야기도 들려주려 한다.

　재단사가 수십 번의 가위질로 옷의 모양새를 만들듯 나 역시 한해마다 불필요한 것을 도려내는 경험을 했다. 많은 시행착오와 어려움 끝에 현재 비앤테일러의 대표로, 한국에서 손꼽히는 그랜드마스터 테일러로 잘 맞춰지기까지, 내 성장의 시간을 한 땀의 바느질처럼 정성스럽게 이 책에 엮어나갔다. 그를 통해 나는 누군가에게 감동을 주거나 훈계할 마음은 전혀 없다. 단지 내 삶의 길을 따스하게 바라봐 주길 바랄 뿐이다.

Contents

| 프롤로그 |
제품이 아닌 인생을 만들어간 'Tailor'　_005

PART 1　어린 가장이 되다

2대 독자 귀한 아들　_014
희망이 있는 한 삶은 계속된다　_018
불행이 타오르던 나날들　_023
외갓집에서 머슴살이를 하다　_027
고놈 참, 손재주가 야물딱지네!　_031
도전 없이 이루어지는 것은 없다　_034
배움의 주인이 되어야한다　_041

PART 2　재단사로 거듭나다

서울에서의 시작　_046
잘되는 집에는 이유가 있다　_050
콤플렉스를 자신감으로 바꾸다　_053
단 5분도 헛되이 보내지 않은 시간　_057
시도로 가능성을 얻고 실패로 성장한다　_061
단점과 열등감이 더 나은 사람을 만든다　_065
재단사, 세일즈 사원이 되다　_068
소문난 실력으로 스카우트 제의를 받다　_073

9

PART 3   재단사로 명성을 얻다

재단사의 첫 손님   _078
29살, 늦깎이 장가를 가다   _083
당신의 옷은 "넘버 원!"   _088
나의 첫 사업 '보령 양복점'을 열다   _093
눈을 뜨면 '뜻'이 보이고 행동하면 '길'이 열린다   _098
작은 아이디어로 차이를 만든다   _103
믿음으로써 강해지다   _112

PART 4   꿈을 입히는 재단사

IMF, 절망의 순간이 찾아오다   _120
어느 하나 의미 없는 배움은 없다   _124
베풂으로 깨달은 재단사의 의미   _127
재능을 나누는 삶, 양복 봉사활동을 시작하다   _132
최초의 인터넷 양복주문을 이뤄내다   _138
비움으로 채워지는 기적   _143
노력을 외면하는 결과는 없다   _149

PART 5　**장인의 손길에 현대적 감각을 더하다**

보령양복점, 비앤테일러로 탈바꿈하다　　　_156
대를 이어가는 명가의 정통성　　　　　　_162
끊임없는 연구로 혁신을 이룩하다　　　　_166
세계적인 명품 테일러 샵을 향한 도전　　_171
옷의 문화를 바꾸어가는 비앤테일러　　　_177
돈이 아닌 가치를 입힌다　　　　　　　　_182

| 에필로그 |

옷은 자신의 신분과 품위를 올려주는 수단이다　_187

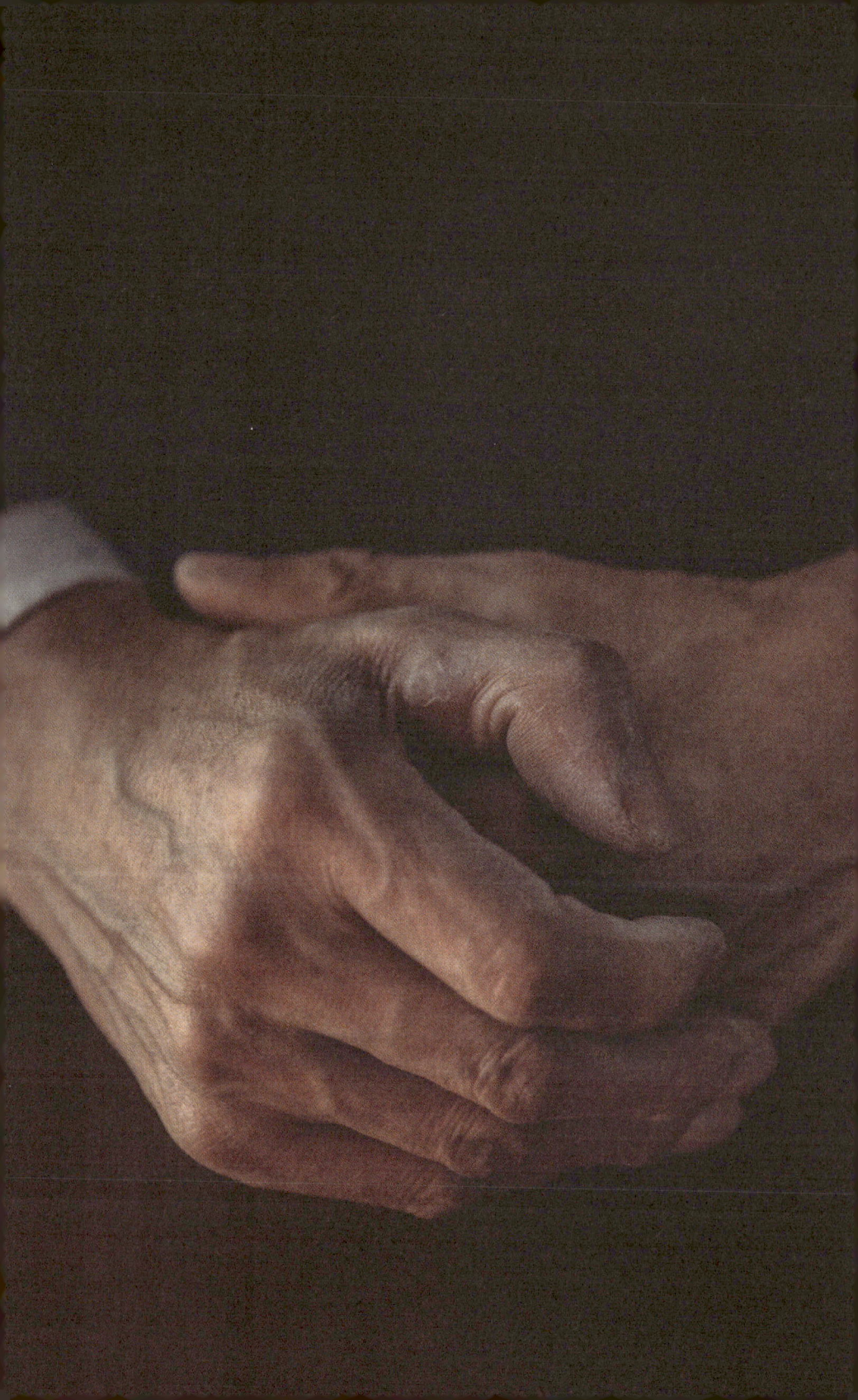

PART 1

어린 가장이 되다

PART 1

어린 가장이 되다

2대 독자, 귀한 아들

'치이익- 치이익-'

뜨겁게 달궈진 인두가 지날 때마다 놀란 물방울들이 부산스럽게 튀었다. 한 줄 바지선이 선명하게 되살아나면 물방울은 비명 같은 소리와 함께 수증기로 사라지는 것이 마냥 신기했다. 내가 한참 다림질에 넋을 놓아 보고 있으면 엄마는 빙긋 웃으며 말씀하셨다.

"아버지 갖다 드리고 오렴."

잔주름 하나 없이 잘 다려진 군복은 아버지의 출근길에 따라 나섰다. 매끈하게 각이 져 떨어지는 군복이 아버지의 몸에 붙어 더욱 거대한 실루엣을 만들어내고 있었다. 그래서 나는 군복을 입은 아버지가 세상에서 제일 크고 우람한 장승처럼 느껴졌다.

나의 어릴 적 아버지는 직업군인으로 계급은 육군상사였다. 내가 태어난 해는 1951년 6월 26일, 6·25전쟁이 일어난 바로 다음 해라 아버지의 군 생활은 그리 녹록치 않았을 게다. 하지만 다행히도 내 기억에 아버지는 우리 곁을 떠난 적이 없으셨다. 다만, 아버지의 직업 탓에 나는 어려서부터 군인들이 사는 막사 같은 곳에서 생활을 해야 했다.

산기슭에 임시로 지은 막사 안은, 여름에는 인두처럼 뜨겁고 겨울에는 살을 엘 듯 추웠다. 한겨울에는 폭설로 길이 막힌 적도 한두 번이 아니었다. 그럴 때면 군인들이 막사와 막사 사이에 굵은 밧줄을 매고 휘둘러 눈 터널을 만들어 오가곤 했다. 어린 내가 지내기에 그곳은 몹시 조악하고 낡은 환경이었다.

그런데도 나는 제법 즐겁게 놀았던 기억이 선명하다.

"요놈, 요거. 생쥐 한 마리가 숨어들었네."

이따금 아버지는 나에게 취사반에서 누룽지를 얻어오라고 심부름을 시키셨다. 내가 쫄래쫄래 취사반에 들어서면 키 큰 병사들은 곧바로 나를 알아채지 못하다가 누룽지를 찾는 덜거덕 소리에 발견하고 머리를 쓰다듬곤 했다. 그리고는 나를 '생쥐'라고 불렀다.

생쥐는 막사 안에서 내 별명이자 암호명 같은 것이었다. 학교도 안 간 조그만 꼬마애가 군대에 있으면 온갖 관심을 받는 것이 지극히 당연했다. 그 시절 군인들은 나를 어지간히도 귀여워해 줬다. 조금은 투박한 손길로 볼을 꼬집고 안아가며 때론 놀리기도 하면서, 오래도록 나를 자신들 곁에서 놓아주지 않았다. 덕분에 나는 그 막사의 마스코트처럼 유명했고 모두에게서 사랑받았다.

비단 군인들에게서만 사랑을 받은 것은 아니었다. 나는 아버지 '박수봉'과 어머니 '최복남' 사이에서 장남으로 태어난 2대 독자였다. 그렇기 때문에 집안에서의 각별함도 군대 못지않았다. 외할머니께서는 내가 태어나기도 전에 이름을 지어 기다리기까지 하셨다.

오래 전 외할머니는 여수로 나들이를 가셨다가 입이 떡 벌어질 정도로 으리으리한 기와집을 보았다고 한다. '도대체 이렇게 큰 기와집은 누가 살까?' 외할머니는 그 속내가 여간 궁금했던 모양이었다. 그래서 동네사람들을 붙잡고 기와집에 대해 요모조모 캐물어 한 가지 중요한 사실을 알아냈다고 한다.

"아, 그 집! 원래 변변찮은 집안이었는데 주인 이름이 좋아서 팔자 폈지."

그 말을 듣고 외할머니는 이름을 적어와 내가 태어나자마자 기다렸다는 듯 붙여주었다. 그 이름이 바로 '박정열(朴正烈)'이다. 나는 태어날 때부터 이미 정열적으로 살 팔자인 셈이었다.

집안의 어른들은 내가 큰 사람이 되기를 은연중 바라고 계셨다. 훗날을 위해 그만큼 지원도 아끼지 않으셨다. 아버지는 내가 초등학교 입학하던 날 새 옷과 신발은 물론 비싼 가죽가방을 선물로 사주기도 하셨다. 내 고향 작은 시골마을에서는 감히 상상도 할 수 없는 고가의 제품이었다.

우리 가족은 나의 학교 입학에 맞추어 다시 고향(전라북도 장수군 번암면 대론리)으로 돌아왔다. 그 해가 1958년으로 당시 나는 가죽 냄새를 풀풀 풍기며 대론초등학교에 다니던 가장 멋쟁이 어린이였다.

"정열아, 내 그거 한번 만져보면 안 될까? 꼭 한번 만져보고 싶다."
"거기에 책을 넣고 다니면 비가와도 젖지 않겠다."

친구들은 내 뒤를 졸졸 따르며 가죽가방을 한 번이라도 만져보려고 아양을 떨었다. 그도 그럴 것이 보자기 가방들 사이에 가죽가방은 여간 희귀한 물건이 아닐 수 없었다. 가죽이 주는 쿰쿰한 향이 묘하게 사람을 취하게 하여 나는 피리 부는 사나이처럼 아이들을 거느리고 다녔다. 아버지가 사준 가죽가방 덕분에 학창시절 내내 당당했고, 3km가 넘는 울퉁불퉁한 하굣길을 힘든 기색하나 없이 오갈 수 있었다.

그렇다고 딱히 우리 집이 풍족한 살림은 아니었다. 그 시절 모두가 그렇듯 지독한 전쟁의 피해로 저마다 먹고사는 일로 또 하나의 작은 전쟁을 치러야 했다. 하지만 우리 가족은 나에게만큼은 인심이 후한 편이었다. 그것은 아마도 내가 2대 독자 장남이기에 그러지 않았나 싶다. 당시 나는 이대로 평생 아버지의 보호 아래 모두의 사랑을 받으며 자랄 거라고 생각했다. 하지만 그것이 얼마나 짧고 허무한 바람이었는지 알기까지는 그리 오래 걸리지 않았다.

희망이 있는 한 삶을 계속된다

　1962년 내 나이 열두 살, 아버지는 오랜 군대생활을 접고 제대를 하셨다. 당시 아버지의 모습은 우람한 장승이 아닌 다 말라비틀어져 벌레들의 집이 되어버린 고목처럼 볼품이 없었다. 군의 열악한 환경과 추운 지방에서 얻은 폐렴이 아버지의 몸을 갉아먹어 버렸던 것이다.
　더 이상 군대생활을 지탱할 수 없었던 아버지는 방 한구석에 웅크려 연신 기침을 해댔다. 해가 저물어 방안으로 그림자가 덮어올 때면 아버지의 넓은 어깨가 어느새 쪼그라들어 비루한 실루엣을 만들었다. 그런 아버지의 등을 보면 나는 이대로 아버지가 점점 작아져 먼지처럼 사라질 것만 같은 불안에 휩싸이곤 했다. 그리고 그 불안은 실제로 일어나고 말았다.

아버지의 병세는 돌이킬 수 없을 정도로 심각한 상황에 몰리고 있었다. 시골에 장만해 두었던 얼마 되지 않은 논밭을 팔아 도시의 큰 병원을 전전하며 치료를 받았지만, 병은 좀체 나아질 기미가 없었다. 오히려 어린 내 눈에는 수많은 약과 주사가 아버지를 더 괴롭히는 것만 같았다. 그렇게 아버지는 병세의 흔적만을 남기고 그해 11월 유명을 달리하셨다.

아버지의 죽음은 우리 집 구석구석에 불행의 씨앗을 심어놓았다. 고작 초등학교 5학년인 나를 집안의 가장으로 만들었고, 병원비로 재산을 탕진하는 바람에 곤궁한 생활을 이어갈 수밖에 없었다. 더 큰 문제는 이제 갓 태어난 어린 여동생이 있었다는 사실이었다. 굶는 일이 밥 먹는 일보다 잦았던 그때에 어머니와 나뿐이라면 어찌 됐든 입에 풀칠하며 근근이 버텨나갔겠지만 생후 1년 남짓한 아기에게도 가난의 설움을 짊어주는 일이 여간 괴로운 것이 아니었다. 이 때문에 나는 지울 수 없는 미안함과 서러움의 기억을 안고 한 시절 살아가야만 했다.

내 어린 여동생이 태어난 해는 아버지의 병세가 서서히 시작되어가던 무렵이었다. 1961년 3월, 봄의 새싹처럼 우리 집에서도 새 생명이 피어났으며 삶과 죽음이라는 지독한 운명의 굴레를 맞이하게 되었다.

"얘는 윤삼월에 태어났으니 이름을 '공자'라 해야겠다."

당시 아버지께서는 윤달이 공달이라 하여 그해 태어난 여동생의 이름을 '공자'라고 지어주셨다. 그것이 아버지가 갓 태어난 딸에게 처음이자 마지막 보여준 가장의 역할이었다. 물론 그 누구도 한 생명의 소멸과 또 다른 생명의 성장을 그토록 짧은 시간에 지켜보게 되리라고는 짐작하지 못했다. 심지어 아버지조차도 뒤늦게 태어난 늦둥이 동생 때문에 살고자했던 의지가 강하셨으니까. 그러나 하늘의 뜻이 어찌 마음대로 이루어지겠는가. 갓난아기를 오래 안아보지도 못하고 아버지는 이듬해 돌아가시고 만 것이다.

아버지의 죽음을 누구보다 의연하게 받아들인 분은 어머니셨다. 어린 아기를 위해서라도 배우자의 부재를 씩씩하게 인정하셨고 어느 때보다 강인하게 생활하셨다. 여동생의 존재는 우리에게 아버지에 대한 슬픔을 이겨내고 살아갈 용기를 준 매개체나 다름없었.

나는 입을 오물거리며 말똥말똥 쳐다보는 공자가 여간 귀여운 것이 아니었다. 더욱이 형제가 없던 나에게 여동생이 생기니 그리 좋을 수가 없었다. 오래전 군인아저씨들에게 귀여움 받던 대로 나도 공자에게 온 관심과 사랑을 쏟아주었다. 학교 수업이 끝나면 곧장 집으로 와 엄마 대신 동생을 돌보고, 아장아장 발걸음을 뗄 때면 들로 산으로 놀러 다녔다. 그리고 친구들에게 어여쁜 동생을 소개하기에 바빴다. 예전에 가죽가방이 내 자랑거리였다면 동생이 생긴 이후에는 공자가 내 자랑거리이자 마스코트였다.

그러나 한편으로는 무거운 짐이기도 했다. 공자가 커가면서 나는 가장으로서 책임감을 더욱 크게 느꼈다. 나와 어머니야 없으면 없는 대로 굶으면 되는 일이지만 공자만큼은 잘 먹이고 싶은 마음이 간절했다.

'아버지는 왜 그리 일찍 돌아가셔서….'

내가 받은 아버지의 사랑을 공자도 느낄 수 있었으면 좋으련만, 안타까운 생각과 아버지에 대한 원망이 교차했다. 그러나 그것이 이제와 무슨 소용이랴. 나는 공자를 위해서라도 약해지는 마음을 다잡고 집안의 가장으로서 의무를 다하기로 마음먹었다.

비록 나이는 어렸지만 나는 제법 어른스러운 결단을 내릴 때도 많았다. 한번은 이웃마을에서 우물을 새로 판다는 소식이 들려 곧장 그곳을 찾아가 어른들의 바짓가랑이를 붙잡고 일꾼으로 써달라고 떼를 부리기도 했다.

"여기는 너 같은 애가 일할 곳이 못 돼! 어른들도 힘든 일인데 작은 네가 뭘 할 수 있겠어."

"아저씨, 저 이래 봬도 기운은 넘쳐요. 제 이름도 '정열'인걸요!"

내 애교 섞인 부탁에도 어른들은 아랑곳하지 않고 귀찮게 여기며 내치기 일쑤였다.

"저리 가서 친구들이랑 흙장난이나 해! 여기 있다 다친다."

나는 전략을 바꿔 인부 책임자에게 껌딱지처럼 붙어 조르고 또 졸랐다. 심지어 그가 공터 아무데서나 볼일을 볼 때도 등 뒤에 서서 "저 좀 써주세요."라고 속삭여 놀래키기도 수차례였다. 어린 꼬마 녀석이 징글맞게 따라다니는 통에 인부 책임자도 어쩔 수 없이 백기를 들 수밖에 없었다.

"그래, 일단 한번 해봐. 어디 얼마나 가나 보자."

그는 내가 몇 분도 안 돼 금방 지쳐 나가떨어질 것으로 생각했던 모양이었다. 하지만 나는 어른들의 코웃음과 달리 하루 동안 제 몫의 일을 끝까지 해내고 말았다.

물론 도망가고 싶은 생각이 들지 않았던 것도 아니다. 우물 파는 일은 열세 살 어린아이가 견디기에는 매우 버거운 일이라는 것은 자명한 사실이었다. 얼마쯤 땅속을 파 내려가면 사다리를 타고 내려가서 다시 바닥을 긁어 흙을 지게에 담고 올라와야 했는데, 이렇게 몇 차례 위아래로 오르내리다 보면 다리가 후들거려 사다리를 헛발 짚는 위험천만한 상황도 벌어졌다. 그럴 때면 괜스레 가장 노릇 해보겠다고 객기를 부려 일을 크게 만드는 것은 아닐까 후회가 밀려왔다. 하지만 아이를 낳고도 제대로 조리도 못한 어머니와 공자의 얼굴이 떠올라 그날 나는 안간힘을 다해 버텼고 결국 일당을 챙기게 되었다.

집으로 돌아갈 때쯤에는 옷이 땀으로 흥건하게 젖어있었다. 밤공기가 차갑게 달라붙어 몸의 온기를 빼앗아갔다. 그러나 손에 꼭 쥔 얼마 안 되는 금액이라도 수중에 챙기고 나니 마음 한켠이 뜨겁게 달아올랐다. 엄마와 공자가 얼마나 기뻐할까? 그 모습이 나를 더할 나위 없이 행복하게 만들었다.

불행이 타오르던 나날들

"누가 너보고 그리 힘한 일을 하라든!"

 처음 장남으로 제 몫을 하려 어머니께 하루 품삯을 드리던 날, 그때 어머니의 얼굴이 지금도 잊히지 않는다. 어머니는 다소 상기된 얼굴로 입술을 파르르 떨다 말없이 울기만 하셨다. 어린 자식의 고생을 차마 편한 마음으로 받아줄 수는 없었을 테니까…. 나 또한 그러한 어머니의 마음이 어렴풋이 짐작이 가 나쁜 일을 한 것도 아닌데 벌 받는 것처럼 꼼짝없이 앉아있었다. 어머니와 나 사이에 무거운 침묵이 흘렀다. 우리는 그 어떤 말을 하지 않아도 충분히 서로의 마음을 어르고 달랬다. 그리고 곧 어린 자식이 생계에 뛰어들 수밖에 없는 현실을 인정해야만 했다.

 그날 이후로 나는 간간히 마을의 허드렛일을 도왔다. 그것도 없는 날에는 산에 올라가 나무를 한 짐씩 해서 날랐다. 그렇게라도 살림에 힘을 보태고 싶은 것이 내 솔직한 마음이었다.

 우리 집은 각자 자신의 위치에서 할 수 있는 일을 해나갔다. 어머니는 어머니로서 없는 살림을 아껴가며 자식들을 키웠고, 나는 학교에서 돌아오면 땔감을 살피고 소소한 잡일거리를 찾았다. 공자도 어린아이에 맞게 양지바른 툇마루에 앉아 까닥까닥 조는 것이 일이었다. 한번 잠들면 깊이 빠져 옆에서 시끄러운 소리를 내도 절대 일어나지 않았다. 그래서 우리는 공자가 순하고 손이 덜 가는 아이라 생각했다. 그런데 그 정도가 너무 심해 점점 이상한 기분이 들기 시작할 무렵이었다.

하루는 세상모르고 잠든 공자가 아무리 흔들어 깨워도 전혀 미동을 보이지 않는 것이었다. 마치 죽은 사람 마냥 축 늘어질 뿐 정신을 온전히 차리지도 못했다. 어머니와 나는 공자의 모습이 하도 이상해 재빨리 그녀를 둘러업고 읍내 한의원을 찾아갔다.

"수면경기입니다. 기면병(嗜眠病)이지요."

우리는 잠을 많이 자는 것이 어떻게 병이 되느냐며 도무지 공자의 병을 이해할 수도 인정할 수도 없었다. 그런 무지함이 비롯되어 기면병을 앓는 공자에게 제대로 된 약 한 첩을 지어주지도 않았다. 아니, 여유가 없어 못한 것이 더 맞는 표현이었다. 겨우 침 한번 맞고 돌아온 것이 치료의 전부였던 공자는 이 또한 무엇이 잘못된 것인지 그날 이후 시름시름 앓다가 그만 세상을 떠나고 말았다. 병도 그렇거니와 심한 영양실조와 탈수증상으로 끝내 기력을 찾지 못한 것이다.

또 한 번의 죽음이 고약한 시련이 되어 나를 무참히 짓눌러버렸다.

죽은 여동생을 안고 나는 숨도 제대로 쉬지 못할 정도로 서럽게 울고 또 울었다. 너무 어리고 허무한 죽음이지 않은가. 우리 가족의 유일한 기쁨이었던 그 아이의 생은 왜 이토록 짧아야만 했는지, 나는 여러 해 동안 괴로워했다. 그리고 스스로를 원망하고 책망해야 했다.

'그렇게 짧게 살다 갈 걸 알았다면 예쁜 옷도 입히고 맛난 것도 사줄걸….'

그때가 처음으로 나의 무기력함과 무능력을 느끼던 순간이었다.

이제 가족은 나와 어머니만 하릴없이 남겨져 버렸다. 우리는 한동안 슬픔의 반복에서 헤어 나오지 못하고 반쯤 넋을 놓고 살았다. 그 때문이었을까? 끝나도 좋을 불행이 또다시 우리를 쉬이 침범하고 있었다.

그날은 유독 잠이 안 오는 날이었다. 1964년 초겨울 밤, 나는 연신 몸을 뒤척이며 잠과 씨름 중에 있었다. 그러다 갑자기 들창문이 우련 듯 환해지며 아지랑이처럼 무언가 넘실거리기 시작했다. 머리가 쭈뼛 서고 소름이 끼칠 만큼 이상한 느낌이 밀려왔다.

"불이야! 불, 불!"

아니나 다를까 밖에 나가보니 옆집에 불이 피어오르고 있는 것이었다. 당시 가옥 대부분이 초가집 형태라 불은 삽시간에 우리 집까지 엉겨 붙었다. 놀란 나는 가위에 눌린 듯 몇 초간 몸이 움직여지지 않았다. 화들짝 정신을 차리고 나서는 어머니와 양동이를 들고 불을 끄기 시작했다.

 다행히 동네 사람들도 합세하여 화마는 곧 진정되었다. 그러는 동안 집은 온통 물에 젖어 수해를 입은 것 마냥 모든 세간살이가 축축하게 젖어있었다. 심지어 방안에 두었던 교과서와 공책마저 흠뻑 젖어 더 이상 쓸 수가 없을 정도였다. 어머니는 그것을 무엇보다 안타까워하셨다. 그러나 나는 어머니와 생각이 달랐다. 동생을 허무하게 잃고 집에 불까지 나자 사는 문제가 더 시급하다는 것을 깨닫게 되었다.

 '그래, 어떻게 해서든 힘을 길러야겠다!'

 무엇보다 경제력을 길러 어머니를 보살펴드려야겠다는 욕구가 더욱 강하게 올라왔다. 그리하여 나는 공부보다는 취업을 하겠다는 뜻을 어머니께 넌지시 내비쳤다. 어머니는 한동안 말씀이 없으셨지만 그 의미가 무엇인지 나는 대번에 알 수 있었다. 그것은 무언의 응답이었다. 우리 형편에 중학교 진학은 과한 사치였으리라…. 그래도 초등학교는 마치자는 말에 같은 반 친구에게 노트와 연필을 빌려 간신히 졸업할 수 있었다.

외갓집에서 머슴살이를 하다

친구들은 저마다 어떤 중학교로 진학해야 할지를 놓고 떠들썩했다. 그 틈에서 나는 내가 어떤 일을 할 수 있을까에 대해 고민이 많았다. 아직은 작고 여린 나를 흔쾌히 받아주는 곳은 없었기 때문이다. 일을 하기로 결심했다 하더라도 내 마음대로 할 수 있는 것이 아니라는 사실이 새삼 억울하게 만들었다.

그러던 어느 날이었다. 건넛마을에 살고 계신 외할머니께서 찾아오셨을 때의 일이다.

"니 변변한 일이 없으면 울 집 와서 농사일 좀 거들어라."

외삼촌이 징집명령을 받아 군대에 가게 되면서 외갓집에 농사 일손이 부족하다는 말씀이셨다. 나는 딱히 일자리도 없는 마당에 외삼촌의 빈자리를 채우는 일에 흔쾌히 승낙하였다. 외가라면 조금 더 마음 편하게 밥벌이를 할 수 있지 않을까란 계산도 있던 셈이었다. 허나 그것은 내 착각에 불과했다. 열다섯 어린 나이에 외할머니 댁으로 농사일을 거들러 간 것은 사실 머슴살이나 진배없는 일이었다.

당시만 해도 몇몇 가옥에 새경을 받고 일하는 머슴들이 있었는데 내가 딱 그 짝이었다. 1년 동안 집안과 농사일을 해주며 받은 새경이 고작 쌀 한 가마니였던 것이다. 물론 해가 바뀔 때마다 새경도 쌀 한 가마니 반, 쌀 두 가마니로 조금씩 불려나가긴 했지만 다른 일꾼들에

비하면 터무니없이 적은 것이 분명했다. 내 예상과 달리 친척이라는 점이 꽤나 불리하게 작용한 셈이었다. 아무래도 핏줄이며 작은 체구의 아이이다 보니 외할머니께선 큰돈 들일 필요 없다 여기셨던 모양이었다.

그러나 비록 작다고는 하나 나는 농사꾼도 상농사꾼이요, 머슴도 상머슴이었다. 나이만 어렸을 뿐이지 일찍이 농사일이라면 안 해본 것이 없는 일꾼이었다. 봄철에는 거름을 내고 묘판을 만들었고, 쟁기질과 써레질, 김매기와 피사리, 추수에서 탈곡까지 순전히 내 힘으로도 해낼 수 있을 정도였다. 외삼촌이 군대에 가 있는 3년 동안 꼬박 이 일을 해왔으니 도가 트는 것도 당연지사였다.

하지만 가끔 뜻하지 않는 변을 당하기도 하는 것이 농사일이다. 한 번은 이런 일도 있었다. 황소를 몰고 쟁기질을 하고 있는데 쟁기의 끝이 땅속에 걸린 듯한 느낌이 묵직하게 전해졌다. 그래서 쟁깃날을 슬쩍 들어 올려 다시금 놓으려고 했다. 그 때문에 소가 멈칫거렸고 목에 건 멍에가 밑으로 흘러내려 갔다. 내가 그것을 제자리로 돌려놓기 위해 황소 앞으로 다가갔을 때였다. 씩씩거리며 뜨거운 콧김을 내뿜던 황소가 갑자기 나를 들이박는 것이 아닌가! 나는 엉겁결에 소뿔에 받혀 하늘로 붕 뜬 다음 저만치 논두렁에 나가떨어지고 말았다.

옷이 온통 흙으로 더럽혀져버렸다. 논두렁에 처박힌 내 꼴을 보니 눈물이 핑 돌았다.

'이제 저놈의 소까지 나를 무시하네….'

소뿔에 받힌 아픔보다 서러운 생각이 먼저 들었다. 황소마저 나를 어린아이로 얕잡아보는 것은 아닐까? 나는 왜 여기서 머슴살이를 해야 하는 것일까? 억울하고 분한 마음에 논바닥에 주저앉아 대성통곡을 하고 말았다. 그렇게 한참을 울고 나니 후련한 기분도 느꼈다가 덜컥 걱정과 두려움이 몰려왔다.

'집까지 소를 어떻게 끌고 가지?'

농사일은 소를 잘 다뤄야 하는데 이런 일로 소 곁에 가는 것이 겁이 나기 시작했다. 지금도 그때의 순간을 생각하면 소름이 돋을 정도로 나는 소에 대한 트라우마*가 생겨버렸다.

외갓집에서 머슴살이를 한 지도 3년이 지났고, 내 나이도 열일곱 살이 되었다. 이제는 건장한 청년이 되어 여느 장정 못지않은 체력과 다부진 손놀림을 가지고 있었다. 이맘때에 외삼촌도 군복무를 마치고 돌아와 외할머니 댁은 든든한 일손 하나를 더 거느릴 수 있었다.

외삼촌의 제대로 나는 또다시 심각한 고민에 빠졌다. 마냥 외갓집에서 일할 수만은 없는 노릇이었다. 황소와의 악연도 그렇고, 그저 농촌에서 일손만 돕다가는 살림을 펴나가기 어려웠기 때문이다. 어머니를 생각해서라도 더욱더 안정된 기반을 갖추어야만 했다.

---

* 트라우마(trauma)는 일반적인 의학용어로는 '외상(外傷)'을 뜻하나, 심리학에서는 '정신적 외상', '(영구적인 정신 장애를 남기는) 충격'을 말한다. 트라우마의 예로는 사고로 인한 외상이나 정신적인 충격 때문에 사고 당시와 비슷한 상황이 되었을 때 불안해지는 것을 들 수 있다.

내가 외할머니 댁에서 머슴살이를 하는 동안 어머니 역시 고생을 하지 않는 건 아니었다. 오히려 나보다 더 고된 생활을 하며 살림 밑천을 마련하셨다. 스물아홉 살의 나이에 남편을 잃고 혼자되신 어머니는 외로이 쓸쓸하게 지난날을 버텨오셨다. 또한, 아이를 출산하고 젖먹이 공자를 키우실 때도 간간히 허드렛일을 하며 몸을 편히 두는 일이 없었다. 마을의 도로포장 공사를 한다거나 개천둑쌓기 공사, 철로수선 공사 등과 같은 소식이 들리면 새벽 일찍 나가 막노동을 하고 해 저물 때 돌아오시곤 하셨다. 가녀린 여인의 몸으로는 할 수 없는 거친 일들이었지만 자식을 가진 어머니로서는 이겨낼 수 있는 노동이었다.

그런 어머니에게 하나 남은 아들이 얼마나 각별했겠는가. 귀한 2대 독자 아들이 외할머니 댁에서 머슴살이를 한다는 것에 억장이 무너지셨을 것이다. 하지만 당장 먹고 살아야 하기에 잠시 그런 슬픔은 묻고 계셨을 어머니였다. 대신 그녀 역시 남의 집 가정부 일을 하며 어떻게든 자식과 악착같이 살아보려고 안간힘을 쓰셨다. 그러니 내가 더 든든한 가장에다 장남 역할을 하지 않으면 안 됐다.

"아무래도 다른 일을 찾아봐야 할 것 같아요. 기술을 배우든지 막일을 하든지, 일단 시내로 나가야겠어요."

나는 큰 결심을 하고 외갓집의 일을 그만두겠다고 전했다. 그러자 나를 눈여겨보았던 동네 한 어른께서 1년 새경으로 쌀 네 가마니를 줄 테니 자신에게 와서 일을 해달라고 부탁하는 것이었다. 제법 귀가 솔깃한 제안이기도 했다. 하지만 농사꾼으로 남는 것은 내가 뜻하는 바가 아니었다.

  마냥 시골에서만 살아간다는 것이 우물 안에 고인 물과 같다는 생각이 들었다. 그리고 목돈을 벌고 더 크게 성공하려면 기술 하나쯤은 가지고 있어야 할 것 같았다. 그래서 나는 어르신의 간곡한 부탁에도 등을 돌려 더 이상 농업은 하지 않기로 단단히 결심했다.

고놈 참, 손재주가 야물딱지네!

'어느 분야의 일을 해야 전망이 좋을까?'

  막상 기술을 배워야겠다 생각만 했지 무엇을 배울 것인가에 대해서는 대책이 없었다.

'광주나 순천으로 나가 자동차 정비 일을 배워볼까? 윗집 아저씨 말로는 목축업도 목돈이 된다던데 젖소나 키워볼까? 아니지 소라면 징글징글해.'

  이런 생각 저런 생각으로 시간을 보냈지만, 딱히 이거다 할 만한 일이 떠오르지 않았다. 그러다 문득 외갓집 마루 한구석에 놓여있던 재봉틀이 머릿속을 스쳐 갔다.

당시 외갓집에는 시골에서 드물게 재봉틀 한 대가 놓여있었다. 책상 같은 모습의 탁자에 위 상판을 옆으로 펼치면 묵직한 재봉틀이 안에 숨겨져 있는 옛 형태의 물건이었다. 의자에 앉아 발판을 굴러야 움직이는 재봉틀은 나름 사는 집에서나 볼 수 있는 귀한 물건이었다. 그 시절 재봉틀은 혼수로도 인기가 많은 제품으로 외갓집의 재봉틀 역시 외숙모가 시집오면서 해온 혼수품이었다.

외갓집에서 일하며 때때로 나는 그 재봉틀에 깊은 관심을 보였다. 그것이 비싼 물건이라서가 아니라 뜻밖의 나의 재능을 발견하게 해 준 까닭에서였다.

그 시대에는 누구나 그렇듯이 제 몸에 딱 맞는 옷을 입고 다니는 아이는 거의 없었다. 윗사람에게서 물려받은 옷을 그대로 입거나 옷이 해져 더 이상 못 입을 정도가 될 때까지 기워 입는 것이 오히려 자연스러웠다. 그래서 항상 아이들의 옷을 보면 지나치게 커서 헐렁하거나 너무 작아 옷의 틈이 벌어진 경우가 허다했다. 나 또한 그들과 전혀 다르지 않은 형편이었다.

외삼촌의 작아진 옷을 받아 입어도 옷은 내 몸집에 비해 커다랬다. 허리춤은 느슨하고 바지 길이는 치렁치렁 늘어져 자꾸 신발에 밟히기 일쑤였다. 그래서 일을 하는데 여간 불편한 것이 아니었다. 내려가는 바지를 한 손으로 쥐어 잡고 일을 해야 했고 수시로 바짓단을 끌어올려 땅에 끌리지 않도록 조심해야 했다. 그러니 일에 속도가 붙을리 없어 반나절이면 끝날 일을 오후 늦게 마치는 경우가 종종 있었다.

 하루는 그것이 짜증이나 재봉틀에 앉아 이리저리 재봉질을 시작했다. 외할머니가 하는 것을 얼핏 본 기억으로 재봉틀의 바퀴를 돌렸더니 드르륵 하고 바늘이 움직였다. 의외로 재봉이 쉽게 느껴져서 나는 큰 옷의 옷감을 접어 바늘 사이의 공간에 밀어 넣었다. 그렇게 꿰매지는 옷들을 보니 묘한 희열이 느껴졌다.

 바느질에 집중하다 보니 다른 것은 신경 쓰이지 않았다. 더군다나 커다란 재봉 소리가 주변의 소음도 가려주어 재봉틀을 돌리고 있으면 혼자만의 공간에 있는 듯한 착각 속에 빠져들었다. 그래서 마음이 편안해지고 머리도 맑아졌다.

 그날 이후 나는 종종 재봉틀에 앉아 바지나 윗도리를 늘리거나 줄이기도 했다. 몇 번 재봉틀을 돌리다 보니 제법 요령도 생겨서 처음에는 삐뚤빼뚤했던 바느질 선도 일렬로 가지런해졌다. 그렇게 제 몸에 맞게 옷을 맞춰 입고 나가는 날에는 주변의 시선을 한 몸에 받기도 했다.

 "어디서 이렇게 몸에 잘 맞는 옷을 샀대? 옷맵시가 아주 좋네!"

 "산거 아니에요. 제가 줄여서 입은 거예요."

 내가 사실대로 말하자 어른들은 처음에 믿지 않았다. 안으로 접혀 박음질한 단을 보여줘야 그제야 수긍하며 놀라는 기색이 역력했다.

 "남자애가 재주가 보통이 아니네. 네가 여자보다 낫다."

모두 칭찬 일색이었다. 나는 고 재미를 찾기 위해서라도 재봉질을 계속했다. 이제는 단순히 줄이고 늘리는 것만이 아니라 간단한 적삼도 옷 모양을 만들어 손수 지어 입었다. 내가 이렇게 옷을 갖고 놀자 외할머니는 가만히 지켜보시더니 무뚝뚝하게 한마디 내뱉으셨다.
"고놈 참, 손재주가 야물딱지네!"
농사가 아닌 다른 일로 칭찬을 받으니 왠지 가슴이 벅차올랐다. 그래서 나는 재봉하는 일을 더 잘하고 싶어졌다. 이리저리 뭔가를 해볼까 고민하다 보니 그때의 뿌듯한 기억이 떠오른 것이었다.
비로소 나는 앞으로 무엇을 하고 싶은지 결심할 수 있었다. 그리고 내가 무엇을 배워야 하는지도 명확해졌다. 그것은 옷을 만드는 일이었다.

도전 없이 이루어 지는 것은 없다

재봉 일은 내가 처음으로 즐겁게 하며 남들에게 인정받은 일이었다. 예전 어른들의 선입견은 재봉틀을 다루는 것을 오직 여자들의 일로 여기고 있었지만 나는 그러한 사회적 통념 따위는 신경 쓰지 않았다. 재봉을 하여 옷을 만드는 것 자체가 재미있어서 남들이 어떻게 생각하건 전혀 개의치 않은 것이다.

"니가 말솜씨도 없고 배운 것도 없어 재단을 잘 할는지 모르겠다. 옷 맞추러 오는 사람들은 높고 많이 배운 사람들일 텐데 어느 정도 얘기가 통해야 장사를 해먹지 않겠냐?"

어머니는 내가 양복 배우는 일 하겠다고 했을 때, 걱정부터 산더미셨다. 내성적인 성격에 손님은 잘 맞을 수 있을는지, 배움이 짧아 가르치는 것을 잘 따라갈는지, 말솜씨가 없어 사람들과 어울릴 수 있는지, 하나부터 열까지가 괜한 염려뿐이셨다. 물론 나 역시 새로운 일에 도전하는 것이 쉬운 결정도 아닐뿐더러 불안하지 않은 것도 아니었다. 하지만 내가 즐거워하는 일조차 시작하지 못한다면 과연 나는 무엇을 새롭게 시작할 수 있겠는가!

「현재 어떤 존재가 될 수 없다면 나는 될 수 있을 법한 존재가 되련다. 될 수 있을 법한 존재란 별을 향해 뻗어 나가는 '아마도'의 존재이기 때문이다. 나는 '-가 됐을 뻔 했던' 사람보다는 '-이었던' 사람이 되겠다. '됐을 뻔 했던' 사람은 한 번도 그 존재가 돼 보지 못했으나 '-이었던' 사람은 한때 그 존재로 살아봤기 때문이다.」

예전 유명한 미국 배우 밀턴 벌리의 말이다. 나도 그의 말처럼 해보고 싶은 일을 생각만 하는 것보다 부족함이 있더라도 해보는 쪽에 승부를 걸었다. 그렇지 않았다면 나는 외갓집 농사일을 돕다 편하고 익숙한 일에 안주했을 것이다. 다행히 주변에서는 이런 나의 도전을 응원해주는 이가 많았다.

"재단사라면 좋은 직업이지. 생각해봐! 옷을 맞추는 사람은 귀하고 성공한 사람들이잖아. 그런 사람들과 친해 두면 얼마나 좋겠어!"
"그래, 맞다. 양복쟁이들하고 얘기하다 보면 성공하는 법도 알려줄 거다."

그때만 해도 양복 한 벌을 맞추려면 쌀 한두 가마니를 팔아야 할 정도로 비싼 가격이었다. 외갓집에서 받은 내 1년 새경과 맞먹는 수준이다. 그렇다고 질이 크게 좋은 것도 아니었다. 말이 좋아 모직물이지 실제로는 군용담요나 다를 바가 없었고, 미군 군복을 염색한 것이 고작이었다. 그나마 홍콩을 통해 들여온 영국제 양복지 한 벌 값은 웬만한 직장인의 서너 달 월급과 맞먹었다. 그러니 도시에서조차 웬만한 정장 신사복을 입는 사람이 드물었고, 시골에서는 아예 찾아볼 수가 없었다. 그래서 우리들은 양복을 입은 사람들을 살짝 비꼬아 '양복쟁이'라고 불렀다.

양복을 만드는 원단이 귀하고 비싸다 보니 양복쟁이들도 1, 2년 입다 옷의 색이 바래면 본래의 양복을 뒤집어 다시 만들어 입곤 했다. 천이 해지고 너덜너덜해질 때까지 입는 것은 양복쟁이들도 마찬가지였다. 하지만 중요한 것은 잘만하면 한 번에 큰돈을 번다는 사실이었다.

친구들은 양복점 일이 미래가 밝다며 내 꿈에 아낌없는 지지를 보냈다. 심지어 아는 사람들과 수소문하여 일할 수 있는 양복점을 알아봐 주기도 했다. 그래서 나는 의외로 쉽게 아는 분의 소개로 전주시

완산구 고사동에 있는 한일양복점이란 곳에 취직을 할 수 있었다. 그때가 내 나이 열일곱 살, 1967년 9월 20일의 일이다.

한일양복점의 월급은 달랑 오백 원이었다. 요즘으로 치면 대략 오만 원정도일게다. 그리 큰돈은 아니지만 양복 만드는 법을 가르쳐주고 월급까지 준다니 나로서는 도리어 고마운 일이었다. 그래서 나는 집과 6km 남짓 떨어진 거리를 걸어 다니며 그 어떤 불평도 하지 않았다. 오히려 첫 직장이라는 점과 양복기술을 배운다는 점에서 오가는 길이 설레기만 했다.

그렇게 한일양복점에서 일한 지도 한 달이 훌쩍 지났다. 이제나저제나 양복 만드는 기술을 가르쳐 줄까 기다리며 양복점의 허드렛일을 묵묵히 견뎠다. 당시 내가 양복점에서 한 일은, 양복점 안팎 청소와 선배들의 자질구레한 심부름을 도맡아 하는 보조원이었다.

특히 가장 중요한 임무는 숯불다리미의 온도를 맞추는 일이었다. 재단사가 다리미를 사용할 때를 눈치껏 살펴서 미리 다리기 좋은 온도로 달구어 놓아야 했는데 그것은 꽤나 어려운 작업이었다. 온도를 알기 위해 다리미 앞쪽을 물에 대면 물방울이 튀기는 것을 보고 다리미의 온도를 파악해야 했다. 또한 다리미 전체의 온도가 일정하게 고루도록 만들어 재단사에게 넘겨줘야 한다. 다리미 앞부분은 식고 뒷부분은 뜨거우면 고스란히 옷에 영향을 주기 때문이다.

하지만 다리미 온도를 육안과 온기로만 알맞게 맞추는 일은 여간 까다로운 것이 아닐 수 없었다. 직접 손으로 만져볼 수도 없는 노릇이라 어떤 때는 뜨겁거나 어떤 때는 뜨뜻미지근하여 재단사의 불평을 들어야 했다.

"애새끼가 이거 하나 못 맞춰!"

곧바로 욕설과 발길질이 날아들었다. 언제부턴가 양복점에서 나의 또 다른 일은 선배들의 욕설과 손찌검을 받아주는 역할이었다. 한번은 이런 억울한 일도 있었다.

당시 양복점은 늦은 시간까지 일을 하는 경우가 허다해 도시락을 두 개 정도 챙겨 다니는 것이 다반사였다. 점심에 한 끼, 출출해지는 오후 시간에 한 끼로 허기를 달래곤 했는데 그럴 때면 선배들은 종종 분식집의 자장소스를 주문하여 차갑게 식은 밥과 함께 먹기도 했다. 도시락을 두 개 싸올 여력이 안 되는 나는 그런 선배들의 자장주문 심부름을 대신하며 군침만 삼키는 것이 전부였다. 억울한 일이 있던 그 하루도 바로 이점이 화근이었다.

오후 늦게 시장기를 느낀 선배들은 어김없이 자장주문을 지시했다. 직접 분식집을 찾아가 주문하고 돌아서나오려는데 갓 쪄낸 찐빵에 김이 모락모락 피어오르는 것이 꽤나 먹음직스러워 식욕을 자극하고 있었다. 항상 선배들의 먹는 모습만 구경했어야 했던 나는 유독 그날따라 찐빵의 유혹을 참을 수가 없었다.

"저기…. 저 찐빵 하나만 얻어먹을 수 있을까요?"

무슨 용기에서인지 생각과 동시에 말이 튀어나왔다. 나도 모르게 실례의 말을 꺼냈다는 것이 스스로도 깜짝 놀라 얼굴이 벌겋게 달아올랐다. 하지만 다행스럽게도 주인은 흔쾌히 하나를 집어 나에게 건네주었다. 그렇게 얻어먹은 조그마한 찐빵은 지금껏 먹어본 어떤 음식보다도 귀하고 맛 또한 일품이었다. 야금야금 조금씩 아껴가며 찐빵을 음미하던 나는 기분이 한껏 들뜬 채 양복점을 향했다. 그러나 이러한 행복도 잠시, 문제는 그다음부터였다.

"오늘 자장은 왜 이렇게 적게 가져왔어? 평소와 다르잖아!"

선배의 윽박에 소년 배달부의 고개가 푹 수그러졌다. 그는 잔뜩 겁에 질린 표정으로 얼굴을 이리저리 굴리더니 이내 나와 눈이 마주쳐버렸다. 소년 배달부의 애처로운 눈빛과 마주하자 순간 나는 움찔 놀라고 말았다.

"너 바른대로 얘기 안 해!"

선배들의 목소리가 높아지자 놀란 배달부가 내게 손가락질을 하며 대뜸 소리쳤다.

"저놈이 빵 하나 먹었어요!"

마치 핑곗거리를 찾았다는 듯 배달부는 곧바로 나를 향해 책임의 화살을 돌렸다. 자장의 양이 적은 것이 마치 내가 얻어먹은 빵의 값을 치른 것 마냥 이야기해버린 것이다. 그 순간 선배들은 불호령을 치며 사실 추궁을 하기 시작했고, 약삭빠른 배달부는 위기에 벗어난 도망자처럼 잽싸게 달아나버렸다.
 그때 나는 참으로 억울하고 속이 상했다. 아무리 내가 변명하려 들어도 그들은 내 말을 전혀 듣지 않았다. 오히려 찐빵을 하나 얻어먹고 왔다는 사실에 분노하며 나를 엎드리게 한 후 각목으로 엉덩이를 세게 내려치기 시작했다. 한 10대 가량 맞았을까…. 제대로 일어서지 못할 정도로 엉덩이가 화끈거렸다. 화장실에 가서 살펴보니 엉덩이에 온통 멍이 들고 살이 터져 손바닥에 피가 묻어나왔다. 갑자기 서러운 생각에 가슴이 무너져 내렸다. 나는 제대로 소리조차 내지 못하고 숨죽이며 눈물을 훔쳤다. 처음에는 억울함이 컸다가 후에는 괜히 찐빵을 얻어먹었나 자신이 원망스러워지기까지 했다. 그저 스스로 바보 같다는 생각이 떠나지 않았다.
 '이런 부당한 대우를 받고 일을 계속해야 하는 것일까?'
 잠시 양복기술을 배우는 것에도 후회가 밀려왔다. 하지만 지금껏 참아가며 눈치로 얻은 기술이 아깝기도 했고, 이 일이 아니면 달리 하고 싶은 것도 없는지라 복받치는 감정을 꾹꾹 눌러 담았다. 그렇게 한참 혼자 마음을 추스르고 돌아가니 양복점 안의 사람들은 마치 바람 한번 지나간 것처럼 별로 대수롭지 않은 듯 똑같이 행동했다. 이러한 일상은 연일 계속되었다.
 선배들의 횡포는 날이 갈수록 심해졌지만 나 또한 그만큼 맷집이 강해졌다. 어떠한 핀잔과 면박에도 묵묵히 참고 견디며 시키는 일을 꾸역꾸역 해나갔다. 이처럼 내가 마음이 단단해진 데에는 점심 도시락을 열 때마다 어머니의 얼굴이 서린 김처럼 모락모락 피어올랐기 때문이었다. 어머니는 매일 아침밥을 지을 때면 쌀과 보리를 반반씩 나눠 담고, 쌀밥은 내 도시락에만 싸주셨다. 일 하는 아들이 빨리 허기지지 않았으면 하는 바람이셨다. 그런 어머니의 정성을 생각해서라도 나는 이를 악물고 '무조건 기술을 배워나가겠다.' 다짐하고 또 다짐했다.

배움의 주인이 되어야 한다

어릴 때부터 눈썰미와 손재주가 있어 나는 선배들의 가르침 없이도 어깨너머로 일을 하나하나 익혀나갔다. 그러면서 깨달은 점은, 양복을 만들 때 다리미를 사용하는 기술 또한 멋진 패턴을 디자인하고 정확한 재단과 꼼꼼한 바느질 실력 못지않게 중요하다는 사실이었다. 다리미 온도는 옷감에 대한 이해가 필수였고, 똑바로 줄을 잡아 말끔하게 다림질하는 것은 옷의 라인을 살리는 법과 형태를 알려주는 기본적인 가르침이었다. 그래서 양복점에서 하는 일은 결코 헛된 것이 없었다.

선배들의 고약한 핀잔도 일을 익혀감에 따라 차츰 줄어들었다. 때

때로 칭찬을 하기도 해서 나를 당혹시키기도 했다. 사실 돌이켜 생각해보면 선배들 때문에 나는 매순간 긴장의 끈을 놓치지 않고 일을 빨리 익혀나갈 수 있었던 것 같다. 비록 허드렛일이었지만 나름 기본기를 탄탄하게 잡고 간 것이 아닌가 싶다.

흔히 재단사들 사이에서는 '양복 만드는 일이 비행기 제작보다 어렵다'는 말이 나오기도 한다. 그만큼 양복을 만들 때에 매우 섬세하고 치밀하게 계산되고, 조금의 흐트러짐이 없어야 한다는 것이다. 그러기 위해서는 자질구레한 일에서부터 차근히 익혀나가고 미미한 도구의 쓰임새도 확실히 이해되어야만 가능하다. 그러므로 청소를 하며 보고 듣는 것도 공부요, 꾸지람을 들으며 잘못된 점을 스스로 깨닫는 것도 공부인 셈이다. 나는 이러한 마음가짐으로 전주에서의 양복점 생활을 배워나갔다.

내가 열아홉 살의 나이가 되었을 때, 눈치 하나로 제법 바느질도 익히게 되었다. 재봉사가 하는 박음질부터 실밥을 뜯고 시침질을 하는 것까지 어깨너머로 훔쳐봤다가 모두 퇴근한 늦은 밤에 혼자 연습을 하곤 했다. 그 과정에서 재봉바늘에 찔려 피를 흘리고 손가락에 구멍이 난 적도 부지기수였다. 다음날이면 반창고가 덕지덕지한 내 손을 보고 선배들은 놀리기도 했다.

"그 손으로 어디 재단사를 하겠냐? 양복 맞추러 왔다가 너 손보고 도망가겠다."

정말로 이대로 양복점을 하다가는 실력을 의심받을 게 뻔했다. 그래서 나는 더 많은 시간을 홀로 양복점에 남아 연습했다. 그러고 나니 바짓단을 접고 소맷부리를 꿰멜 정도의 실력은 갖추게 되었다. 그러나 언제까지 제대로 된 가르침 없이 혼자 익힐 수만은 없는 노릇이었다. 이제는 정말 선생이 필요한 시점이었다.
　"저, 이렇게 박음질을 하려면 어떻게….”
　"귀찮게 하지 말고 저리가!”
　한일양복점에서는 내가 무엇을 묻거나 기술을 조금 가르쳐 달라고 하면 선배들은 제 일 하기에 바빠서 늘 무시하기 일쑤였다. 그들은 단순히 자신들의 잡일을 대신해 줄 일꾼이 필요할 뿐이었다. 이런 환경에서는 더 이상 원하는 기술을 배우지 못할 것이 분명했다. 설사 가르쳐준다하더라도 내가 기대하는 높은 수준의 기술은 아니어서 점점 실망감만 커져갔다.
　예전의 설레기만 했던 출퇴근길도 지금은 지루하고 짜증이 났다. 이대로 옆길로 달아나 버릴까? 사춘기 반항처럼 나는 몇 번씩 가던 길을 멈추고 심각한 고민에 빠졌다. 그렇게 얼마간 고민을 거듭하다가 문득 서울로 올라가야겠다는 생각에 이르렀다.
　"어른들 말씀에 사람은 나서 서울로 가야 한다고 했어. 양복 만드는 고급 기술을 배우려면 역시 서울만 한 곳이 없지. 그래, 가자! 서울로!”

PART 2

재단사로 거듭나다

PART 2

재단사로 거듭나다

서울에서의 시작

　서울에 올라와 취업한 곳은 명동에 있는 '힐튼양복점'이었다. 우연한 인연의 끈이 닿아 생각보다 수월하게 서울에서 자리를 잡을 수 있었다.
　나의 서울 상경기를 도와준 인연은 이웃동네의 아저씨셨다. 그분은 서울에서 재단사 일을 하고 계셨는데 명절에 맞춰 고향에 왔다가 나를 만난 것이다. 나는 아저씨와 재단사에 대한 이야기를 나누고 고민하는 부분을 솔직히 털어놓았다. 그랬더니 아저씨는 주소가 적힌 쪽지를 한 장 내밀었다.

"서울로 오면 다른 데 가지 말고 나를 꼭 찾아와라!"

그 말이 엄청난 용기가 되어 1969년 11월의 어느 날, 나는 달랑 5천 원을 가지고 서울행 완행열차에 올랐다. 실제로 아저씨는 고맙게도 나를 취직시켜 주시고 왕십리에 월 5천 원짜리 하숙집까지 알아봐주셨다. 내 인생에 참으로 고마운 은인이시다.

아저씨 덕분에 취업한 힐튼양복점은 꽤나 유명한 곳이었다. 당시 박정희 대통령이 와서 양복을 맞춰갈 정도로 실력이 출중한 재단사들이 많았고, 규모 또한 커서 시골의 양복점은 2~3사람인데 반해 그곳은 상의만 전문으로 하는 사람이 7~8명이었다. 대략 내가 살핀 바로는 15명의 직원들이 상주하며 작업을 진행하고 있었다. 시골 촌놈에게 힐튼양복점은 으리으리한 대기업이나 마찬가지였다.

그곳에서 나는 한 달에 만 오천 원 정도의 월급을 받고 일하기로 했다. 한일양복점에 비하면 수십 배는 뛴 금액이지만 하숙비 오천 원을 제하면 사실상 만 원 돈밖에 남지 않았다. 그리고 서울의 물가가 오죽 비싸랴. 얼른 기반을 잡아 시골에 계신 어머니를 모셔오기 위해서라면 차비도 아꼈어야 했다. 그래서 아침에는 버스를 타고 출근해도 퇴근은 꼭 전주에서처럼 걸어 다녔다.

내가 제일 먼저 양복점에 출근하면 매장 청소부터 시작했다. 사실 서울에 올라왔다고 해서 바로 재단하는 법을 배우는 것은 아니었다. 전주에서 배운 것이 미비한 탓에 다시 처음부터 기본기를 다져야 했다. 그래서 누가 시키지 않아도 알아서 허드렛일을 하고, 수선이나 리폼 하는 분을 도와드리는 보조원 역할에 충실했다.

대체로 양복 일은 '바지-조끼-상의-코트' 순으로 차근히 배워나가는데 나 역시 미싱사와 재단사의 보조로 바지나 상의 수선을 돕는 것부터 시작했다. 그러던 어느 날의 일이었다. 어떤 손님이 양복 상의를 수선하러 왔는데 유난히 원단의 질이 좋아보였다. 나는 이런 옷은 과연 누가 입을까 내심 궁금해 하며 조심스레 양복을 만져보았더랬다. 그러자 재단하는 선배가 깜짝 놀랄 만한 말을 해 그때부터 손이 부들부들 떨리기 시작했다.

"조심히 다뤄야 해! 각하의 양복이시다."

처음에는 믿기지 않았다. 선배가 나를 놀리시나? 얼떨떨하게 있으니 양복 안쪽 이름을 살펴보라는 것이었다. 예전에도 맞춤양복 속주머니 단에는 양복 주인의 이름이 자수로 새겨져 있었다. 선배의 말에 따라 살짝 들춰보니 '박정희'라는 이름이 선명하게 새겨져 있는 것이 아닌가! 당시 대통령이 옷을 맞추는 곳이라는 이야기는 많이 들었지만 실제로 이렇게 확인하게 될 줄은 전혀 몰랐다. 갑자기 심장이 쿵쾅거리고 온몸에서 식은땀이 흘렀다.

보조로 손질을 돕는 정도인데도 행여나 실수할까봐 여간 걱정스러운 것이 아니었다. 그런데 선배는 침착하고 신속하게 제 몫의 일을 해내고 수선한 상의를 다시 건네주었다. 의연한 선배의 모습을 보자 나는 또 다른 감동을 느꼈다.

'프로 재단사란 이런 모습이구나! 나도 선배와 같은 사람이 돼야겠다.'

선배들은 내가 궁금해 하는 것에 대해 제법 잘 가르쳐주었다. 나는 1년 6개월가량을 힐튼양복점에 일하면서 제각각 솜씨가 다른 선배들의 장점들을 배우려고 노력했다. 유독 뛰어난 선배 재단사에게는 기꺼이 개인 심부름도 해가면서 눈치껏 가르침을 청했다. 그 덕분에 웬만큼 옷을 다루는데 노련해졌고, 기초적인 재단 일을 뛰어넘어 어느 정도 양복 만드는 흉내를 낼 수 있었다.

그러는 동안 서울살이도 차츰 안정되었다. 그래서 서대문구 홍은동 산동네에 단칸 셋방을 얻어 시골에 계신 어머니를 모셔올 수 있었다. 어머니는 서울에서도 조금이나마 살림에 보태려고 길거리에 나가 채소장사를 하셨다. 우리 두 식구는 서울이란 낯선 환경에서 각자 치열하게 삶을 이겨내고 있었다.

잘되는 집에는 이유가 있다

　고급 양복점들은 명동을 중심으로 을지로와 충무로 주위에 포진해 있었다. 각기 자기 브랜드의 우수성을 자랑하며 날 선 경쟁을 벌였고 고객유치에 열을 올렸다. 하지만 그 가운데에서도 잘되는 집은 따로 있었다. 이를 가만히 지켜본 나는 그것이 참으로 흥미로웠다.

　물설고 낯선 서울생활을 적응하기 위해 혹은 주변 양복점의 동태도 파악할 겸, 시간이 나면 종종 주변을 기웃거리며 이모저모를 살폈었다. 서당 개 3년이면 풍월을 읊는다고 그래도 몇 년 양복점에서 일하다 보니 어느 집의 옷이 날렵한지를 금방 파악할 수 있었다. 아니나 다를까 기술이 좋은 집에는 항상 손님들로 북적거렸다.

　'서울에서 살아남으려면 역시 기술이 좋아야겠구나.'

　그것이 서울생활하며 처음으로 깨달은 성공방식이었다. 나 역시도 같은 값이면 기술 좋은 사람에게 맡기고 싶은 것이 당연한 이치였다. 그래서 나는 돈을 조금 받더라도 양복 기술이 좋은 곳을 찾아가 일하고 싶은 마음이 굴뚝같았다.

　"너는 손끝이 야무지니까 조금만 노력하면 되겠다."

　힐튼양복점의 재단보조로 계신 분이 을지로에 있는 양복점으로 옮기면서 나에게 해주었던 말이다. 그 말을 발판삼아 나도 평소 눈여겨본 한 양복점으로 자리를 옮겼다. 그곳은 을지로 3가에 위치한 '로마

양복점'이었다. 서울에서 두 번째 직장인 로마양복점에서 난 또 하나의 성공방식을 배울 수 있었다.

"기술이 좋다는 게 뭔 줄 아냐? 그건 고객이 알아봐 주는 게 아니야. 고객보다 나부터 먼저 내 옷에 만족해야 한다는 것이다."

자기 자신의 기술을 스스로 인정한다는 건 얼마나 어려운 일이겠는가! 양복을 꽤 잘 만든다는 재단사도 자신의 기술을 함부로 자랑하거나 속단하지 않았다. 손님이 양복을 칭찬하면 거들먹거리기보다 "최선을 다했습니다."라고 한발 물러나 고개를 숙였다. 최선을 다한다는 것은 언제나 최대의 노력을 기울이는 일이기에, 나도 그 어느 때보다 기술연마를 게을리 하지 않았다. 늦은 밤까지 남아 선배들의 재단을 살펴 비슷하게 흉내내보고 바느질도 해가면서 모든 감각을 손끝에 익혔다. 그리고 평생의 신념 같은 다짐 하나를 했다.

'내가 만족할 수 있는 옷을 만들자!'

기술이 좋은 양복점이 잘 되는 것은 당연지사였지만 한편으로는 도무지 장사가 잘되는 이유를 모를 양복점도 있었다. 옆의 양복점에 비하면 그다지 빼어난 솜씨도 아닌데 유독 그 집에만 손님이 드나드는 것이었다. 옆 양복점 사장님도 기가 찰 노릇인지 인상을 쓰며 불평을 해대는 모습이 길에서 자주 목격됐다. 나는 그 이유가 어찌나 궁금하던지 손님인 척 기웃거리다 잘 되는 양복점을 찾은 다른 이에게 이유를 물어보았다.

"솔직히 저 옆집도 옷은 잘 만드는데 약속을 안 지켜. 옷을 찾으러 가면 하루 이틀 밀어서 괜한 발걸음을 하게 된다니까."

"하지만 지금은 손님이 적어서 더 빨리 맞출 수도 있잖아요."

나는 예전의 실수가 있었더라도 지금은 다를 거라고 생각했다. 하지만 손님은 연신 손사래를 치며 강한 어조로 대답했다.

"내 친구도 그럴 줄 알고 찾아갔었지. 그러나 역시 아니었어. 여전히 정해진 날을 지나고야 줬다더군. 저 집은 늘 약속을 어기는 곳이야."

다른 손님들의 평가도 그와 다르지 않았다. 심지어 옆집에서 양복을 맞춰보지 않은 대부분의 사람도 그 양복점에 대해 커다란 불신을 갖고 있었다. 그것이 옆의 양복점이 아닌 잘 되는 양복점을 택하게 된 결정적인 이유였다. 단순히 입소문만으로도 이미지가 굳혀진다는 사실이 매우 놀랍고 무서웠다. 결국 잘 되고 못 되고의 차이는 작은 행동에서 비롯되는 것임을 직접 느낄 수 있었다. 그리고 그때 나는 기술만큼이나 중요한 것이 '신용'이라는 걸 깨닫게 되었다.

제 아무리 기술이 좋다한들 약속이 지켜지지 않으면 누가 믿고 맡길 수 있겠는가! 고객과의 약속은 곧 성공여부를 판가름 하는 잣대인 셈이다. 약속을 성실히 이행한 사람은 좋은 인상을 남기고 신용을 얻지만, 그렇지 못한 경우에는 불쾌감을 낳고 나쁜 경험을 주게 된다. 그때는 옷이 잘 만들어졌는지의 여부와 상관없이 '약속이 지켜지지 않았다'는 사실이 더 강하게 자리 잡는 것이다.

 또한 그 불쾌하고 귀찮은 경험은 다른 이에게 옮겨지기도 쉽다. 흔히 우리는 주변에 좋은 일보다 나쁜 일을 더 많이 이야기하기 때문이다. 그래서 나는 옷을 주문받아 제 날짜에 정확히 인도하는 시간만큼은 반드시 지켜야겠다고 내 자신과 먼저 약속했다. 물론 아직은 정식 재단사로 온전한 양복을 만드는 것은 아니다. 하지만 지금부터라도 '옷을 만드는 과정이 곧 신용을 만들어가는 과정이다'라는 마음가짐으로 맡은 바 최선을 다하리라 결심했다.

 이때 내가 그토록 테일러로서의 성장에 몰두했던 까닭은, 일류 양복기술자가 되어 보란 듯이 성공하겠다는 야망이 있어서만이 아니었다. 뿌리 없는 서울에서 두 식구가 단단히 정박하고 지금보다는 좀 더 편히 살아가려는 방편에서였다. 기술과 신용이 있다면 얼마든지 나를 찾아주지 않을까 하는 작은 바람인 것이다. 그때는 그저 그들 틈에서 보통만큼이라도 살아가려는 단순한 희망이 전부였다.

콤플렉스를 자신감으로 바꾸다

 당시 나는 콤플렉스 덩어리였다. 테일러를 꿈꾸고 있었지만 늘 하지 못한 공부가 마음에 걸려 아침 출근길이면 책가방을 맨 아이들을 보고 어깨가 움츠러들었다. 행여나 초등학교만 나온 학력이 드러날까 사람들 사이에서 말수도 줄이고 행동도 조심히 했다. 그러다 보니 자연히 소극적이고 내성적인 아이가 될 수밖에 없었다. 그나마 전주에서는 시골이라 비슷한 처지의 아이들이 많아 위로가 됐지만, 서울에 올라와 보니 또래의 학생들이 더 많이 눈에 띄어 수시로 나를 주눅 들게 만들었다.

'공부만 할 수 있으면 얼마나 좋을까…'

출퇴근길 가방을 든 학생들을 볼 때면 공부하고 싶다는 강렬한 욕구가 마음을 뒤흔들었다.

문득 아버지가 돌아가시고 초등학교만 졸업하기로 마음먹은 날의 괴로움이 떠올랐다. 그때는 다시 공부할 일이 없겠다 싶어 빨리 아쉬움을 떨치기 위해 친구들에게 가지고 있던 가방이나 주판, 학용품 등을 전부 나눠주었다. 그렇게 공부에 대한 미련도 후련하게 벗어버렸다고 여겼다. 하지만 막상 나이를 먹고 자라는 동안 제대로 하지 못한 공부 역시 점점 한으로 커져만 갔다.

특히나 서울에서는 초등학교 졸업장만으로는 어디에도 발붙일 곳이 없었다. 만약 양복점을 그만두고 다른 일자리를 알아본다 치면 몸 쓰는 일 아니고서는 내 학력으로 그럴듯한 일자리를 얻기도 힘들었다. 그것은 보통만큼만 살아가려는 내 소박한 희망에 재를 뿌리는 암울한 전조였다. 비록 일로 자리잡는다하여도 내 학력 콤플렉스는 그 이상의 성장을 방해하는 걸림돌이 될 것이 뻔했다. 그래서 나는 이대로 내 스스로를 아무것도 아닌 미미한 존재로 버려두고 싶지 않았다.

'혼자서라도 공부를 해야지! 공부는 일하면서도 얼마든지 할 수 있잖아.'

주경야독이라 하지 않던가. 나도 낮에는 양복점에서 일하고 밤에는 검정고시 학원을 다니며 졸업장을 따기로 마음먹었다.

양복점은 아침에 조금 늦게 열지만 밤에는 저녁 9시가 넘어서야 문을 닫았다. 그 때문에 나의 결심은 첫 번째 난관에 부딪히고 말았다. 밤 9시 이후에 공부를 가르쳐주는 곳은 서울 어디에도 없었기 때문이다. 그렇다고 공부를 포기할 내가 아니었다. 한 가지 결심하면 끝까지 밀고나가는 성미라 주변에 물어 한 가지 방법을 알아냈다.

"그렇게 공부가 하고 싶으면 통신강의록이라도 해봐."

당시에는 '통신강의록'이라 하여 집안 형편으로 중고등학교에 진학을 못한 아이들을 위해 중고교과정을 담아 배포되는 책이 있었다. 독학도가 많은 시기에 통신강의록의 과정만 마치면 해당 교육과정을 졸업하는 셈이 된다. 강의록에는 '중앙강의록'과 '서울강의록'이 있는데 우선 나는 서울강의록의 중학교 1학년 과정을 전부 사서 아기가 걸음마를 떼듯 조금씩 공부하기 시작했다. 그것이 내 나이 스물한 살의 일이었다.

늦은 나이에 공부한다는 것은 그리 쉬운 일이 아니었다. 더군다나 혼자서 하는 공부는 그야말로 의지력과 싸움이었다. 심지어 양복점에서 퇴근하고 피로가 쌓인 상태에서 공부를 해야 했기에 강의록의 책을 펼치는 일부터가 커다란 난관이었다. 조금만 방심해도 귀찮은 생각이 물밀듯 밀려왔다.

'피곤한데 오늘은 그냥 넘어갈까?'

하루 공부를 넘기면 다음날도 마찬가지로 공부가 하기 싫어졌다. 무엇보다 내 공부의 가장 큰 적은 바로, 자꾸 나약해지는 마음이었다.

'이러다가는 중학교 1학년 과정도 마치지 못하겠어. 지금부터 바짝 정신 차리자!'

뭔가 하루하루 마음을 다잡을 대책이 필요했다. 그래서 나는 내 이름을 새긴 도장하나를 정성스럽게 팠다. 강의록의 한 페이지를 읽고 나면 새긴 도장을 찍어 빨갛게 '박정열'이라는 글자가 선명하게 보이도록 했다. 이것은 꽤나 좋은 자극제가 됐다. 한 페이지마다 도장을 찍어두니 학업 진도를 확인하기도 쉽고, 이름에서 주는 강렬한 기운이 매순간 내 정신을 단단히 잡아채었다. 그 덕분에 나는 양복점에서 퇴근하면 아무리 피곤한 날에도 한두 시간 정도는 반드시 교과서를 살피고 잤다. 어느새 강의록은 수백 장의 박정열로 물들어 시뻘겋게 이글거리고 있었다.

꼬박 1년, 하루 네다섯 시간 이상 자본 적이 없는 강행군의 연속이었다. 그렇게 나는 중학교의 모든 과정을 거치고 졸업을 할 수 있었다. 나 자신과의 싸움에서 이겨 얻은 성취감은 그야말로 꿀맛이었다. 그 기세로 나는 다시 고등학교의 과정에 돌입할 만반의 준비를 맞추고 있었다.

단 5분도 헛되이 보내지 않은 시간

"너는 밤에 뭘 하길래 점심때가 되면 약 먹은 병아리마냥 맥아리가 없냐?"

아무리 정신을 바짝 차린다 해도 1년이 지난 시점부터는 체력적으로 한계가 왔다. 점심때 끼니를 후딱 해치우고 모자란 잠을 보충한다. 하지만 소용이 없었다. 날이 갈수록 피로감은 점점 쌓여 양복점 내에서도 표가 나기 시작한 것이다.

사실 평소보다 요즘 더 무리한 것도 이유 중 하나였다. 고교과정에 돌입하면서 공부는 더욱 어려워져 이해하는데 몇 배의 노력이 필요했다. 그만큼 잠을 줄였고 따라서 기력소모도 상당했다. 혈기왕성한 나이임에도 불구하고 직장 내 나의 쪽잠은 쉬는 틈틈이 계속됐다.

"어디 그 체력으로 양복 한 벌 제대로 만들겠어? 양복 만드는 거 우습게보지 마라. 그것도 웬만한 체력 없이는 힘든 일이야!"

"네…. 죄송합니다. 앞으로 조는 일 없게 하겠습니다."

말은 그리했지만 나는 또다시 무언가 결심해야 하는 순간이 찾아왔음을 느꼈다. 여기서 학업을 중단하고 테일러의 길을 계속 가거나 잠시 일을 쉬고 공부를 마치거나 둘 중 하나를 선택해야 했다. 독학으로 고교과정을 끝마치기에는 힘들고 벅차다는 것을 몸소 실감한 까닭에서였다.

그러나 문제는 역시 생활고였다. 비록 어머니가 장사를 하신다고는 하나 그것만으로 충분한 살림은 아니었다. 당시 어머니는 유진상가 부근에서 머리고기를 파는 음식장사를 하셨다. 한 달 바짝 판다고 해도 내가 버는 월급의 반도 안 되어서 그 몇 푼 안 되는 돈에 다 큰 자식이 의지한다는 것은 여간 죄송스러운 일이 아닐 수 없었다. 게다가 다른 이유도 아니고 공부를 한다고 일을 그만둔다고 하면 어머니는 이해해주실까? 그렇다고 지금 공부를 포기하면 앞으로 별반 달라질 것이 없었다. 통신강의록의 중학교 과정을 배웠다 해서 공인된 졸업장을 받고 인정해주는 것도 아니었다. 어찌되었든 결국 나는 초등학교 졸업생에 불과했다.

앞날이 깜깜하고 복잡한 생각이 꼬리에 꼬리를 물었다. 그냥 이대로 군대나 가버릴까 생각도 해 해병대에 지원했지만 2대 독자라 받아주지도 않았다. 지금까지의 인생에서 가장 어려운 선택을 해야만 했다. 그렇게 얼마간의 시간이 흘렀다.

"어머니 부탁드릴 것이 있습니다. 제게 딱 일 년만 시간을 주세요!"

나는 1년의 월급보다 향후 내가 떳떳하게 살아갈 시간에 투자하기로 마음먹었다.

대뜸 아들 녀석이 시간을 달라하자 어머니는 어리둥절한 표정으로 바라보셨다. 나는 그간의 사정을 말씀드리고 앞으로의 계획을 구체적으로 설명해 드렸다. 어머니는 어떤 미동도 없이 가만히 내 이야기를 들어주셨다. 그리고 무겁게 입을 여셨다.

"1년이면 되냐? 그 정도면 검정고시에 붙겠어?"

"네! 반드시 일 년 안에 검정고시에 합격하겠습니다."

어머니는 고개를 끄덕이셨다. 어머니의 승낙을 신호로 나는 다음날 양복점에 그만두겠다는 통보를 했다. 양복점의 사람들은 나의 퇴직을 아쉬워했지만 공부를 위한 것이라는 말에 누구도 잡지 않았다. 오히려 열심히 공부해서 재단사보다 더 나은 사람이 되라고 응원해주었다. 그렇게 나의 수험생 시작은 모두의 격려와 지지로 시작되었다.

마지막 양복점에서 받은 월급으로 나는 검정고시 학원과 독서실을 끊었다. 그리고 남은 돈은 전부 어머니에게 드렸다. 그것은 22살 늦깎이 수험생 아들이 외벌이를 하셔야 하는 어머니에 대한 미안한 마음의 표현이었다. 그리고 하루 단 5분의 시간도 헛되이 보내지 않으려 노력했다.

나는 온종일 독서실에서 공부하다 밤에는 검정고시 학원에 갔다. 수업이 끝나면 또다시 곧장 독서실로 가 수업한 내용을 복습했다. 누구에게도 방해받지 않으려고 원단을 떠서 독서실 칸 위에 덮어 완벽히 시선을 차단했다. 그 모습이 마치 보자기를 덮어놓은 것 같아서 가끔 지나가는 사람들의 키득거리는 소리가 들렸다. 하지만 나는 그런 것에는 신경 쓸 여유가 없었다.

독서실에 가보면 또래의 친구들은 헌법이나 임용 관련 책을 펼쳐놓고 공부를 했는데 나는 이제야 고등학교 과정을 공부하는 처지라 뒤처져도 한참 뒤처져있음을 매 순간 깨달았다. 그 사실이 내 공부의욕을 자극하여 남들보다 몇 배는 더 노력하게 만들었다.

'저들보다는 한 시간씩 더 공부하자!'

어느새 그들은 나의 경쟁자가 되었다. 물론 그들은 모르는 일이다. 아마 알았다면 코웃음 치지 않았을까? 아무튼 나는 혼자 그들과 경쟁하며 검정고시에 박차를 가했다. 그들이 점심을 먹고 화장실을 가면 나는 최대한 그 시간들을 아꼈고, 새벽 공부를 마치고 독서실을 떠나면 그들보다 꼭 한 시간은 더 공부하고 일어났다. 그렇게 쪼개어 공부한 시간도 다 되어 마침내 검정고시의 날이 밝아왔다.

시험장은 다양한 사람들로 빼곡했다. 연세가 많으신 어르신에서부터 앳되어 보이는 아이까지 다들 긴장한 얼굴이 역력했다. 누군가는 다리를 심하게 떨어 책상까지 흔들릴 정도였고, 또 어떤 이는 연필을 두들기며 시험의 초조함을 알렸다. 나는 시험시간을 기다리며 메마른 입술을 연신 적셨다. 그리고 시험이 종소리와 함께 시작됐다.

'아! 합격이다.'

시험이 끝나자마자 검정고시의 합격을 예상했다. 시험지를 펼쳐드는 순간 아는 문제들이 더 많았던 까닭에서였다. 그리고 예상대로 검정고시에 합격하고, 마침내 나는 소원하던 졸업장을 손에 넣을 수 있었다.

시도로 가능성을 얻고 실패로 성장한다

한 번에 검정고시에 합격하니 공부에 대한 자신감과 욕심도 더해졌다. 내친김에 야간대학까지 다니고 싶은 마음이 굴뚝같았다. 게다가 생각보다 빨리 검정고시에 합격해서 아직 어머니에게 약속한 시간도 남아있는 상태였다.

야간대학에 합격하더라도 일하는 데에는 전혀 문제가 없어 보였다. 낮에 일하고 밤에 공부하는 것은 이제껏 해왔던 방식과 조금도 다르지 않았기 때문이다. 그래서 다시 야간대학을 준비하기 위해 학원을 살펴보았다. 그러던 중 누군가 내게 이런 말을 넌지시 해주었다.

"야간대학을 갈 게 아니라 공무원 시험을 보는 건 어때요? 지금까지 해왔던 공부와 크게 다르지 않으니 조금만 공부하면 바로 시험을 볼 수 있고, 그럴듯한 직위도 있잖아요. 이번에 봉급도 더 낫게 개선

됐다던데."

생각해보니 이 역시 꽤나 도전해볼만 한 일이었다. 공무원이라면 일단 안정적인 수입과 사회적 대우가 월등히 좋은 것이 사실이었다. 솔직히 양복 만드는 일보다 훨씬 더 비전이 있는 직업이기는 했지만 내가 공무원 시험에 도전하려는 것은 비단 그러한 이유 때문만은 아니었다.

'그래, 이왕지사 한 공부인데 끝까지 가보자! 마지막으로 그동안의 노력을 전부 쏟아 붓는 거야.'

공무원 시험에 대한 도전은 지금까지 내가 해온 학습능력을 가늠하는 척도이자 조금 더 높은 시도를 통해 자신에게 더욱 당당해지고 싶은 마음에서였다. 또 한편으로는 일종의 편견을 깨기 위한 방편이기도 했다. 직업에 귀천이 있겠느냐마는 당시 양복 일을 바라보는 일반적인 시각은 대체로 낮게 평가되고 있었다. 제 아무리 우리가 양복 만드는 것도 예술이요, 힘들게 갈고 닦은 기술자라고 외쳐도 손님 입장에선 그저 옷을 만드는 종업원에 불과했다. 그 속내에 고등교육을 받지 못한 사람들의 서비스직이라는 오해도 깔려있었다. 나는 그러한 편협한 생각들을 과감히 부숴버리고 새로운 인식을 심어주고 싶은 마음이 간절했다.

'만약에 남들도 어렵다는 공무원 시험에 합격한다면 내가 선택한 일을 바라보는 태도도 바뀔지 몰라.'

그것은 상상만 해도 짜릿하고 뿌듯한 경험이었다. 그리하여 마침내 나는 행정직 5급 공무원 시험에 응시하기로 마음먹었다.

공무원 5급은 지금의 9급에 해당됐다. 내가 공무원 시험을 응시한 해는 1974년도로 우리나라에서 제3차 경제개발 5개년 계획이 실시되고 신흥공업국으로 발돋움할 시기였다. 이 때문에 산업인력뿐만 아니라 공무원 채용인원도 늘어 너도나도 공무원이 되겠다며 사람들이 엄청나게 몰려들었다. 접수를 하는 데에도 줄을 선 사람들의 길이가 150미터를 넘길 정도였다. 내 앞으로도 300여 명의 인원이 줄을 서서 대기하고 있었다.

시험은 청운중학교에서 치러졌다. 시험장에 들어가 막상 시험지를 받아보니 뜻밖에 검정고시 시험 때보다 쉽게 느껴지는 것이었다. 오히려 그래서 더 당혹스럽기까지 했다.

'설마…. 다른 의도가 숨겨있나?'

애써 정답을 적어나가도 알 수 없는 불안한 기운이 감돌았다. 일이 술술 잘 풀린다는 것은 그만큼 기대에 대한 낙차 또한 심하다는 것을 의미했다. 실제로 시험 합격자 발표 날, 내 수험번호는 어디에도 보이지 않았다. 처음으로 커다란 좌절감을 맛보는 순간이었다.

못 마시는 술도 입에 대보았다. 쓴 알코올에 시린 마음을 적셔 기분이 온통 시큼 떨떠름했다. 공무원이 좌절되는 동시에 대학생의 꿈도 자연히 산산조각 부셔져버렸다. 항상 멀쩡하게 들어온 아들에게서

짙은 술 냄새가 나자 어머니는 걱정이 컸던 모양이었다.

"얘야, 많이 힘들지? 늦은 나이에 공부하는 게 어디 그리 쉬웠겠냐! 그 정도 했으면 애썼다."

어머니의 잠긴 목소리를 듣자 취했던 정신이 화들짝 깨어났다. 일 년이라는 시간동안 공부한 아들을 묵묵히 뒷바라지 했을 어머니…. 그 지친 음성이 찬물처럼 내 머릿속에 끼얹어져 부끄러움이 살며시 드러났다.

'자만해버렸다.'

나는 한순간 자만에 빠진 것이다. 지금껏 어렵게 일을 배우고 고단한 생활을 했지만 실패했거나 실수한 경험은 거의 없었다. 양복점 일을 배울 때에도 누가 가르쳐주지 않아도 어깨너머로 배워 곧잘 잘 한다는 칭찬을 받고는 했었다. 공부도 마찬가지였다. 독학으로 했어도 중학교 과정을 마쳤고 검정고시도 단번에 통과했다. 알고 보면 나는 정말 순탄한 과정을 걸어온 셈이다.

그러는 사이에 나도 모르게 내가 무엇을 실패할 수도 있다는 사실을 은연중에 배제하며 살고 있었던 것 같았다. 시험도 더 노력한 사람이 뛰어나고 붙는 것이 당연한데 왜 그 이치를 받아들이기 힘들어 했는지 다시금 생각해도 얼굴이 화끈거린다.

나는 공무원 시험이라는 좌절 앞에서 스스로도 실패하고 실수할 수 있는 인간임을 새삼 확인하게 되었다. 그리고 이를 깨닫고 인정하면서 실패에 조금은 의연해지는 계기도 되었다.

'실패와 실수는 누구나 할 수 있다. 그것을 인정하고 다시 일어나 나아가려는 자세가 중요하다!'

1년이라는 약속의 시간은 끝이 났다. 나는 다시 일에 대한 마음가짐을 새롭게 다잡고 부끄럽지 않은 테일러가 되기 위한 만반의 준비를 갖추어 나갔다.

단점과 열등감이 더 나은 사람을 만든다

기술이라는 것이 무르익으려면 나름의 노력과 연구가 필요하다. 그러나 이를 뒷받침해주기 위해서는 '의지'가 무엇보다 중요하다. 나는 더 실력 있는 양복기술자가 되기 위한 목표를 세우고 양복협회에서 진행하는 기술교육을 받기로 결정했다.

양복점에서는 기존의 일하는 방식이 미싱이나 재단 혹은 바지나 상의 등으로 분야별 업무가 이루어져 포괄적으로 작업을 해볼 기회가 적었다. 그래서 경력이 오래된 기술자도 어느 한 분야에서만 잘하는 경우가 대부분이었다. 나는 이러한 단점을 보완하기 위해 두루 기술을 습득할 수 있는 곳을 찾았다. 양복협회의 강습은 그런 면에서 매우 유용했다.

양복협회에서는 전반적으로 양복 만드는 기술을 가르쳐주고 체계적인 실습이 이루어졌다. 덕분에 나는 기초에서부터 그랜드마스터 과정을 거치며 기존에 해보지 못한 다양한 기술들을 터득하고 축적할 수 있었다. 그리고 그것은 실무에 많은 도움이 되었다.

내가 양복협회에서 강습비를 내고 기술을 배웠다면 현장에서는 월급을 받고 양복점 일을 다시 시작했다. 새로운 직장을 얻기 전까지 나는 무작정 아무 곳이나 찾아가 일을 소개해달라고 부탁드렸다.

"수선, 리폼도 괜찮습니다. 필요만 하시다면 어떤 일이든 하겠습니다."

나는 초심으로 돌아가 무슨 일이든 최선을 다하기로 각오를 다졌다. 그렇게 해서 새로 취업한 양복점은 큰 대기업과 거래하며 양복값을 공제해서 주는 시스템 업체였다. 즉, 개개인이 양복점으로 옷을 맞추러 오고 비용을 지불하는 것이 아니라 기업차원에서 여러 명의 옷을 맞춰주는 곳이었다. 그래서 테일러가 직접 거래하는 기업으로 찾아가 가봉을 해야만 했다. 또한 이 양복점은 영업사원도 갖추고 있어서 나름대로 일이 끊이지 않았다. 매번 단체의 옷을 맞춰야 하니 테일러도 서너 명이 있어 각각 출장을 갈 곳으로 분주하게 움직였다.

나 역시 수시로 출장을 다니며 여러 명의 옷을 가봉하고 있었다. 그러던 와중에 뜻하지 않은 문제에 봉착하게 되었다. 그것은 지극히 개인적인 일이기도 했다.

재단과 재봉 실력은 남들 못지않게 훌륭한데 납품을 제대로 해내지 못했다. 그것은 옷을 만드는 데서의 문제가 아니라 고객을 대하는 태도에서의 문제였다.

평소 부끄러움이 많고 내성적인 성격이다 보니 고객과 마주하면 어쩔 줄 몰라 난감한 상태였다. 특히 재단이라는 것이 고객과 가장 밀접하게 다가가 치수를 재고 가봉을 해야 하는데 나는 자꾸 얼굴이 붉어져서 제대로 고개를 들지도 못했다. 다른 테일러들은 고객과 조곤조곤 농담도 하며 화기애애하게 작업을 했지만, 내 입에서는 겨우 옷을 만드는데 필요한 말만 나올 뿐이었다. 그것도 고객의 눈을 피하고 나서야 어렵게 꺼낸 말이었다.

"움직이실 때 어디 불편한 곳은 없으세요?"

그러면 고객은 이리저리 가봉된 옷을 살피다 내게 말을 걸었다.

"아주 편합니다. 양복 품도 너무 알맞아서 커보이지도 않고 작아보이지도 않네요."

고객이 신나게 칭찬을 하면 나는 또 마냥 부끄러워져 실웃음만 쏟아냈다. 가봉이 잘 됐는지 나 역시도 확인해야 하는데 고객 앞에서만 서면 자꾸 작아지는 내 자신이 초라하게 느껴졌다.

'도대체 나는 왜 당당하게 일을 하지 못하는 걸까? 고객과 친근하게 이야기하면 더 좋을 텐데….'

내가 생각해도 꽤나 프로답지 못한 행동이었다. 그것은 테일러로서 준비되어 있지 않은 모습을 보여준 셈이다. 고객과 소통하며 고객의 몸을 가장 잘 이해해야 하는 사람이 이를 회피한다는 것은 엄청난 흠이었다. 나는 이러한 부족한 점을 고쳐야겠다고 마음먹었다.

단점을 고친다는 것은 옷을 수선하고 가봉하는 것처럼 스스로 완성도를 높이는 작업이다. 내가 학력 콤플렉스로 의기소침하거나 양복 기술자로서 부족함을 느낄 때, 이를 인정하고 채우며 다듬어갔기 때문에 지금의 나로 있을 수 있었다. 그러한 과정은 언제나 자신을 긍정적으로 변화시켜주는 힘이 된다.

나는 지나친 부끄러움을 없애기 위해 한 가지 결심을 했다. 양복 만드는 일과는 전혀 다른 작업에 뛰어들기로 한 것이다.

테일러, 세일즈 사원이 되다

"무슨 테일러가 영업을 한다고? 영업을 잘 몰라서 그러나본데 한 곳에서 얌전히 일하는 테일러와 달라요."

나는 한 지인의 소개를 통해 찾아간 곳에서 무턱대고 영업을 가르쳐달라고 졸랐다. 그곳은 부산지역으로 영업사원 7명이 방 하나를 얻어 합숙해가며 각자 세일즈 활동을 하는 곳이었다.

"그래서 찾아온 거예요. 사람들을 대하는 방법을 알고 싶습니다!"

실제로 직접 영업을 하면서 노하우를 배운다면 분명 부끄러움도 어느 정도 사라지지 않을까란 판단에서였다.

처음 그들은 낯선 이의 방문에 적잖이 당황해하는 눈치였다. 하지만 나의 간절한 부탁을 듣고 이내 자신들의 방 한구석을 내주었다. 하지만 그렇다고 해서 딱히 나에게 이렇다 할 활동에 대해 이야기를 해주는 것은 아니었다. 대강 무엇을 어떻게 해야 하는지 가르쳐주었는데 그것 역시 매우 간단한 주문이었다.

"이 상품권을 돌아다니면서 사람들한테 팔면 돼요."

이것이 그들이 내게 알려준 영업 노하우의 전부였다. 그 뒤로 그들은 스스로 해보라는 식으로 입을 닫아버렸고, 나는 한동안 그들을 따라다니며 영업하는 방식을 관찰하기로 마음먹었다.

우리가 파는 상품권은 양복 맞춤권이었다. 양복 한 벌의 가격을 할인된 가격에 파는 상품으로 그걸 사서 가져오면 저렴하게 옷을 맞출 수 있었다. 하지만 당시에는 이런 상품권 사기가 많아서 영업사원의 말을 곧이곧대로 믿는 사람들은 거의 없었다. 그러다 보니 영업하는 스킬에 따라 잘 파는 사람도 있고 하루에 한 장도 못 파는 사람도 있었다. 하루 이틀 정도 따라다니다 보니 역시 확연한 차이가 보이기 시작했다. 잘 파는 사람은 사람들에게 스스럼없이 다가가 자연스럽게 어울렸다. 먼저 사람들의 이야기에 맞장구치며 들어주는 듯 하다가 종국에는 자신의 이야기로 집중시켜 상품권을 팔았다. 반면에 못

파는 사람은 다짜고짜 상품권 이야기부터 꺼내 들었다. 그러면 몇몇 사람들은 고함을 치기도 했고, 더러는 귀찮다는 제스처와 함께 우리를 문밖으로 밀어버렸다. 이런 문전박대를 여러 차례 받고 나서야 겨우 이야기를 끝까지 들어주는 사람이 생겼지만 그렇다고 상품권을 판 것은 아니었다. 이 같은 영업의 온도차를 직접 보고 느끼고 나서 비로소 나는 어느 정도 사람에 대해 이해할 수 있었다.

사람들은 친근하고 겸손하며 자신의 이야기를 먼저 들어줄 줄 아는 사람에게 호감을 보였다. 그런 사람에게는 '내가 상품권을 사줬다'라기 보다 '좋은 상품을 소개해줘서 감사하다'라고 생각하는 마음이 달랐다. 그러니 다른 이를 소개해주기도 하고 다음에 또 필요한 일이 생기면 찾기 마련이었다. '웃으면 복이 온다'는 옛말처럼 좋은 인상이 겹겹의 좋은 일로 결실을 이루게 하는 훌륭한 매개체가 되는 것이었다. 이러한 과정을 지켜보면서 나는 다시금 고객을 대하는 태도와 마음가짐이 중요하다는 사실을 재확인할 수 있었다.

영업사원 3일째가 되던 날, 나는 마음을 단단히 부여잡고 본격적으로 고객들에게 말을 떼어볼 심산이었다. 그리고 옷 매무새를 가다듬고 비장하게 사무실 문을 열고 들어섰을 때 그만 깜짝 놀라고 말았다. 그곳은 이미 모두 영업을 떠난 뒤라 텅 비어있었다. 내가 귀찮았던 모양인지 꼬리 잘라버리듯 일찍이 흩어져버린 것이다. 별다른 언지 없이 갑작스레 홀로서기를 해야 하는 처지가 된 나는 일단 아무

버스에 올라타 몸을 싣고 첫 영업을 시작하게 되었다.

그날 부산지역의 지리를 제대로 몰라 버스종점까지 가버리는 실수를 하기도 했다. 낯선 곳에 내려서 마냥 앞으로 걷고 또 걸었다. 주변은 아무것도 없는 산등성이뿐이었다. 그렇게 산을 하나 타고 넘으니 또 산이 나와 오전은 온전히 산만 타다 지나갔다. 다행히 허기가 질 때쯤 마을이 하나 나와서 나는 물이라도 얻어먹을 심산으로 한 집에 문을 두드렸다.

집주인은 낯선 외지인을 상냥하게 받아주었다. 그리고 왜 이곳에 왔는지 묻길래 솔직히 내 사정을 설명해주었다.

"양복 상품권 파는 일을 시작했는데 수완이 없어 떠도는 중입니다."

그러자 집주인은 땀에 흠뻑 젖은 내가 측은했는지 마을회관에 가서 노인 회장을 만나보라며 안내해주었다. 노인 회장을 만나고 상품권을 이야기하자 대뜸 "너 사기꾼이냐?"라고 호통을 치는 것이 아닌가. 그 순간 나는 무슨 이유에서인지 '여기서 주눅 들면 안 된다'는 생각이 들어 의연하게 말을 이어나갔다.

"제가 그렇게 보이면 여기 전화를 걸어 진짜 상품권인지 확인해보셔도 좋습니다. 만약 가짜라면 제가 모든 책임을 지겠습니다."

그 순간 누군가 재빨리 전화를 걸어 상품권을 확인해보았다. 사실 그대로 상품권은 거짓이 아니었다. 그런데 문제는 다른 데 있었다.

"박정열이라는 영업사원은 잘 모르던데요."

그도 그럴 것이 내가 들어온 지 고작 삼일 밖에 안 된 상태라 본사에서도 제대로 파악하지 못하는 것이 당연했다. 나는 전후 사정을 천천히 설명해 드린 뒤 다음과 같이 진솔하게 말씀드렸다.

"저는 몰라도 이 상품권만은 확실하지 않습니까? 이것을 가져오시면 분명 좋은 양복 한 벌을 저렴하게 만들어 드릴 것입니다."

차분하고 솔직한 태도로 말하자 어르신들은 가만히 고개를 끄덕이셨다. 그리고는 각자 한 장씩 상품권을 사기 시작했다. 그렇게 나는 하루에 8개의 상품권을 팔 수 있었다. 그것은 영업을 잘한다는 사람의 판매수와 비슷한 수치였다.

그날 이후 나는 영업에 자신감도 생기고 재미도 느꼈다. 사람들을 만나기위해 안 가본 곳이 없을 정도였다. 옷을 벗고 있는 해수욕장에서 가서도 영업을 하고, 한센병 지역을 찾아가 그들의 이야기에 귀담아 듣기도 했다. 나의 영업은 굳이 상품권을 팔기 위해서라기보다 사람들과 자주 만나 소통하는 것에 더 커다란 목적이 있었다.

다양한 사람들과 이런저런 이야기를 전해 듣는 것이 매번 새롭고 즐거웠다. 저마다 살아가는 삶의 방식과 인생 스토리는 내게도 많은 영감과 성찰의 기회를 주기도 했다. 그렇게 몇 달을 사람들 속에서 영업을 하고 보니 어느새 낯선 이와 만남에 대해 전혀 두렵지 않게 됐고, 대화를 할 때 역시 부끄러운 마음이 들지 않았다. 오히려 내가 먼저 대화를 유도하고 이끌어나갈 만큼 소통이 능숙해졌으며 자신감도 생겨났다. 당당하고 확신 있는 태도로 고객에게 다가가니 그들 역시 한결 편안한 마음으로 나를 반겨주고 신뢰를 느끼는 것 같았다. 이처럼 달라진 고객들의 반응을 실시간으로 확인하며 비로소 나는 어떤 대화의 자세로 그들을 맞이해야할지도 분명히 알 수 있었다. 진솔하고 겸손하되 자기 분야에서만큼은 자신감 있는 태도로 고객에게 안정감과 신뢰감을 주는 대화! 나는 그것을 유념하여 다시 테일러의 업무로 복귀를 서둘렀다.

소문난 실력으로 스카우트 제의를 받다

　세일즈 경험 이후 고객과의 대화가 한층 부드러워졌다. 그 덕분에 나를 찾는 고객이 늘어났고, 심지어 그 자리에서 선뜻 고객이 되겠다는 이도 간간히 생겼다. 어떤 때는 양복점 주인이 밖에 나가 영업을 하는 것보다 내가 재단보조로 있으면서 양복점 방문객을 영업해 주문받는 경우가 많았다. 그렇다 보니 사장은 나를 더 없이 아껴주었다. 기술에 비즈니스 능력까지 겸하게 되니 내 가치와 경쟁력도 자연히 높아졌다.

　하지만 한 가지 아쉬운 점이 있었다. 27살의 나이에 아직 테일러로 오롯이 일을 해보지 못한 것이 내내 마음에 걸렸다. 그러던 와중 나를 찾는 한 신사로 인해 불편한 마음은 더욱 크게 불거졌다.
"'박정열'이라는 분이 누구요?"
"접니다만 무슨 일이신가요?"
중년의 신사는 위아래로 나를 살피더니 살짝 미소를 머금고 이야기를 꺼냈다.
"일을 잘한다는 소문을 듣고 찾아왔죠. 저희 양복점에 테일러가 필요한데 한번 만나보려고요."
뜻밖의 반가운 소리였다. 드디어 나도 '테일러로 완벽히 독립하는구나!' 싶은 순간이었다. 그러나 일은 순조롭게 진행되지 않았다. 내가 여전히 보조로 있다고 하니 "아무리 실력이 좋아도 자신들은 테일러로서의 경력이 중요하다"며 그는 홀연히 사라져버린 것이다. 괜히 마음만 심상하게 만들어서 한동안 나는 울적한 시간을 보내야 했다.
내가 아무리 테일러로 자리 잡으려 해도 나이가 부담스러워 퇴자를 놓는 곳이 더러 있었다. 갑자기 이대로 보조로 있다가 양복 만드는 인생이 끝나버리는 것은 아닌가? 불안감이 밀려왔다.
그렇게 초조함이 계속되던 어느 날이었다.
"여기는 원주인데 소문을 듣고 연락드렸습니다. 혹시 저희 쪽에서 테일러를 해볼 마음이 없으신가요?"
속으로 콧방귀가 나왔다. 누굴 또 바보로 아는 것인가? 살짝 감정이 상해 볼일 없다. 먼저 거절을 하고 싶었지만, 한편으로는 혹시나 하는 기대감도 있었다. 그래서 한발 물러나 현재 나의 상태에 대해 소상히 말하고 재단 일은 얼마든지 혼자 해낼 수 있다는 점을 강조했다. 그러자 이번에는 그가 오히려 조심스러운 눈치로 말하는 것이었다.

"여기까지 소문이 날 정도로 실력이 좋아 충분히 잘하실 것을 압니다. 다만, 저희 양복점이 작아서 괜찮으실지 모르겠습니다."

나에게 양복점의 크기는 전혀 신경 쓰이지 않았다. 처음 양복 만드는 일을 배우고자 마음먹었을 때부터 그저 기술을 익힐 수 있는 곳이라면 어디든 상관없었다. 허드렛일도 마다하지 않던 내가 양복점 크기가 뭔 대수겠는가! 나는 흔쾌히 그의 제안을 받아들였다.

내가 테일러로 처음 일하게 된 곳은 원주에 있는 '유성라사'라는 양복점이었다. 영업사원을 한두 명 거느리고 있었고 테일러로는 주인과 내가 전부였다. 사실 딱히 일의 구분을 지을 수 있는 양복점은 아니었다. 이런 조그만 양복점의 경우에는 한 사람이 디자이너, 재단사, 미싱사 등의 몫을 다 해내야 했다. 나는 그 점이 오히려 좋았다.

내가 하나의 옷을 책임지고 만든다는 것이 꽤 흥미롭고 도전의욕을 불태우게 했다. 마치 어린 시절 재봉틀을 돌려 처음 옷을 수선할 때처럼 짜릿하고 흥분됐다. 그리고 이곳이 또 하나 좋은 점은 다른 곳보다 많은 봉급을 받고 스카우트 되었다는 사실이다. 내 실력을 인정받고 그만큼의 대우를 받을 수 있어 나는 더없이 행복했다. 비로소 '테일러 박정열'로 새로운 인생의 2막을 기분 좋게 출발할 수 있었다.

PART 3

재단사로 명성을 얻다

PART 3

재단사로 명성을 얻다

테일러의 첫 손님

강원도 원주 인근에는 부대가 많은 지역적 특색 때문에 군인들을 위한 생활공간이 많이 자리 잡고 있었다. 군병원은 물론 군인관사, 군인극장, 마트 등등 다양한 편의시설이 있어 원주 시내에서는 군인들을 쉽게 접할 수 있었다. 길거리에서 마주치는 군인들을 볼 때마다 나는 어릴 적 막사에서 자라던 생각이 났고, 아버지에 대한 기억이 새록새록 떠올랐다. 그래서 원주는 고향만큼이나 정겨운 도시였다.

나는 이곳에서 어머니와 떨어져 하숙을 하며 테일러로서의 생활을 시작해갔다.

사실 원주를 지탱하는 힘은 군인이라 해도 과언이 아닐 정도였다. 생활시설 대부분의 고객층이 군인이었으며 그런 점에서 유성라사도 크게 다르지 않았다. 유성라사 역시 간단한 수선을 맡기러 오는 군인들이 대부분이었다. 그리고 틈틈이 영업사원들이 재어온 사이즈로 원단을 재단하기도 했다. 그러한 일상은 매우 평화롭고 아늑했다.

내가 테일러로서 첫 손님을 맞을 때에는 이곳에 온 지 얼마 지나지 않은 날이었다. 당시 원주 시내가 작기도 하여 그 일대에는 나에 관한 소문으로 쫙 퍼져있었다.

"서울의 솜씨 좋은 재단사가 유성라사로 왔대! 그 큰 서울에서도 잘하기로 유명했대요."

조금은 과장되고 멋쩍은 소문이었다. 시골에는 누가 서울에서 왔다고 하면 으레 높이 평가해주기 일쑤였다. 그것도 시골인심이지 어느 순간에 나는 최고의 실력을 갖춘 테일러로 우뚝 솟아있었다. 그래서 나의 첫 손님은 풍선같이 부푼 소문 때문에 엄청난 기대를 하고 내게 옷을 맞추러 온 사람이었다.

"아! 이분이 그 유명한 분이시군요. 서울 스타일로 잘 부탁드립니다."

과장광고에 현혹된 나의 첫 손님은 연신 기대에 찬 눈빛을 보내고 있었다. 채촌을 하는 나의 동작 하나하나마다 작은 탄성을 지르며 고개를 끄덕이기도 했다. 하지만 나는 그의 감탄과는 달리 처음이라는 긴장감과 책임감으로 미미하게 손이 떨리고 있었다. 줄자를 잡은 손의 줄기를 따라 등허리도 뻣뻣하게 신경을 곤두세우고 있었다.

'정신 차리자. 긴장 풀어!'

마음속으로 주문을 외우듯 되뇌었다. 나는 최대한 프로처럼 보이기 위해 감정표현을 절제하며 겉으로 드러내지 않으려고 노력했다. 그리고 이런저런 손님의 취향을 물어 대강 원하는 스타일을 파악해두었다.

손님이 떠나고 시간이 어떻게 지나갔는지 정신이 하나도 없었다. 채촌은 제대로 한 것인지 의문까지 들었을 정도였다. 첫 재단부터 나는 단단히 신고식을 치러야만 했다. 그러나 본격적인 작업은 정작 시작도 하기 전이었다.

'기술이 있든 없든 일단 정성껏 해보자!'

재단 업무에 들어간 나는 손님의 얼굴과 체형, 전체적인 분위기를 생각하며 양복 디자인을 구상했다. 물론 그 시대마다 유행하는 스타일이 있기는 하지만 옷을 입는 사람에 대한 고민 없이 똑같이 만들기만 한다면 굳이 기성복을 사지 맞춤옷을 할 필요가 없다는 게 나의 지론이었다. 그래서 맞춤옷이란 그 사람에게 어울리는 스타일을 찾고 편안한 활동성을 보장하여 이미지를 극대화 시켜주는 요소인 것이다.

 나는 손님의 이미지와 어울릴만한 디자인을 생각해 패턴을 뜨는 작업에 들어갔다. 원단을 고를 때에도 그분 취향에 맞게 염두에 두어 조심스레 그 위에 패턴을 그려나갔다. 혹여나 사이즈를 착각할까 여러 번 확인하고 자로 재는 것도 잊지 않았다. 누가 그랬던가? '재단사는 가위질 한 번을 위해 수십 번 자를 댄다'고. 실제로 원단에 가위를 대기 전까지 나도 수십 번이나 패턴을 그리고 지우기를 반복했다. 그리고 마침내 가위질을 시작했다.

 '싹둑싹둑'

 가위질 소리가 혈맥이 뛰는 소리처럼 당차고 매서웠다. 가위의 길을 따라 각각의 패턴이 제 형태를 이뤄가고 있었다. 내가 하나의 판형을 만들고 이를 바느질로 이어갈 때마다 마치 인간을 탄생시키는 조물주 같은 착각에 빠져들었다. 어쩌면 정성을 다해 옷에 숨결을 불어넣는 작업도 매한가지 아닌가 싶기도 했다. 그렇게 서서히 옷이 형태를 갖춰가자 드디어 가봉하는 날이 찾아왔다.

 아침부터 안절부절 못하고 자꾸 시계만 쳐다봤다. 손님과 약속한 시간은 한참 남았는데도 수시로 눈을 흘깃거리며 시계를 확인했다. 그날따라 시간은 더 더디게만 흘러가는 것 같았다.

 마침내 약속한 시간이 다가올 때쯤, 손님은 제 시간보다 조금 일찍 도착했다. 나는 떨리는 마음으로 손님을 맞고 가봉된 옷을 보여드렸다. 미간을 잔뜩 오므려 눈에 힘을 준 손님은 꼼꼼하게 옷을 살피고 있었다. 그렇게 한참 바라보고 손바닥을 치며 환호를 질렀다.

"역시 서울의 유명한 분은 다르네요. 옷의 모양부터가 여기서 보던 것과는 달라요. 멋집니다!"

그는 엄지를 추켜올려줬다. 나는 그의 말 한마디에 그동안 긴장했던 마음을 한시름 내려놓을 수 있었다. 옷을 입혀 가봉을 하며 다시 한 번 잘못된 부분에 핀을 꽂아 수정했다. 그런 다음 섬세하게 바느질을 하여 양복 한 벌을 완성해주었다. 손님은 양복을 찾아가는 날에도 나의 솜씨를 극찬하며 꽤나 흡족해하셨다. 그분 덕분에 테일러라는 나의 일에 더 큰 용기를 얻어 양복 만드는 일을 보다 적극적으로 해내가게 되었다. 다행히 원주 시내에서 파다했던 내 소문도 비단 거짓만은 아니라는 것이 드러나 한결 마음도 편안해졌다.

유성라사에서의 생활은 내 양복 인생에 있어 어느 때보다 소중한 나날이었다. 실질적으로 양복 만드는 일의 주된 업무를 맡아 주도적인 역할을 할 수 있어서 손의 감각과 실력이 살아나게 되었다. 하지만 그곳에서의 일은 그리 오래가지 못했다.

원주에서 하숙을 하며 한 달에 2, 3번은 어머니를 뵈러 서울로 찾아갔는데, 사실 볼 때마다 그리 마음이 좋지만은 않았다. 원주에서의 생활이 편한 만큼 홀로 계신 어머니께는 큰 불효를 하는 것 같아 미안함이 커져갔다. 더욱이 자꾸 어머니를 걱정시키는 일이 있어 집에 가면 매번 한소리를 듣곤 했다.

"네 나이가 꽉 들어찼는데 결혼은 언제 하려고 그러냐? 내 생각에는 더 늦기 전에 장가를 가려면 시골보다는 서울에 있는 것이 낫지 싶다."

어머니에 대한 죄송함과 더불어 나에 대한 걱정을 덜어드리기 위해, 나는 다시 서울로 짐을 꾸렸다. 약 8개월가량 유성라사에서 테일러로 일한 경력은 서울에서도 경력직으로 취직할 수 있는 발판이 되어주었다. 그리하여 나는 서울시청 앞에 있던 '거성양복점'에서 테일러로 일을 하며 차근히 많은 경력을 쌓아갈 수 있었다.

29살, 늦깎이 장가를 가다

직장생활을 하며 나의 또 하나 숙제는 결혼이었다. 그동안 마음이 그리 한가롭지 못한 탓에 결혼이란 걸 생각해볼 여유가 없었다. 겨우 어머니의 말씀이 있고 나서야 슬슬 결혼에 대해 진지하게 고민하고 있을 찰나였다. 한번은 내 양복 실력에 반해서인지 어느 고객이 뜻밖의 제의를 걸어온 적이 있었다.

"자네 혹시 내 딸을 만나볼 생각이 없나? 내 딸과 결혼만 하면 내가 근사한 양복점을 차려주겠네."

그는 자기를 경기도 이천에서 소문난 부자라며 나를 사위 삼고 싶다고 말하였다. 만약 자신의 딸과 결혼하면 양복점과 따로 집을 사주겠다는 파격적인 제안도 함께 해왔다. 하지만 나는 돈을 보고 배우자를 선택하는 것은 아닌 것 같아 그가 무안하지 않게 만남을 정중히 거절했다.

또 한 경우도 이와 비슷했다. 내게 옷을 맞추던 모기업의 사장은 자신의 외동딸과 나를 연을 맺어주고 싶어 안달이 났었다. 옷을 맞춘다는 핑계로 어떻게든 회사로 불러들여 딸과 만남을 주선했는데 솔직히 그녀는 결혼 상대자란 느낌이 들지 않아 좋은 관계로 이어지지는 못했다. 사장은 내가 별다른 반응을 보이지 않자 자신의 모든 재산을 물려주겠다며 약속을 남발하기도 했다. 그러나 사람이 마음에 들지 않으면 백약이 무슨 소용이겠는가! 나는 여러 차례 부탁을 고사하고 양복을 만드는 일에만 집중했다.

그렇게 몇 번의 만남을 회피하자 내 나이는 어느새 29살이 되었고, 노총각이라는 소리를 듣는 처지가 되었다. 지금의 29살은 한창 사회생활에 매진하며 여전히 젊음을 즐길 나이지만 당시의 29살은 애 여럿은 거느려야 하는 어엿한 가장의 나이였다. 결혼이 늦어도 한참 늦은 건 맞는 말이었다.

"너는 어떤 여자를 만나 결혼하고 싶으냐?"

어느 날 어머니는 깜깜무소식인 내 결혼이 답답하셨는지 슬며시 운을 떼는 말을 걸어오셨다. 나는 신중하게 배우자를 생각하며 짧고 굵게 대답했다.

"돈이 있고 없고를 떠나서 건강하고 근면성실하면 최고죠."

며칠 후 어머니는 지인을 통해 만남을 하나 주선해주셨다. 이번에는 어머니의 안목도 있고 하니 나는 흔쾌히 약속장소에 나가기로 마음먹었다. 어떤 인연은 만남부터 거북스러워 미리 거절을 하게 되는 경우도 있는데 왠지 이번에는 느낌이 좋은 것이 얼른 이야기를 해보고 싶다는 생각이 간절했다. 어렴풋한 설렘을 안고 약속 당일의 나는 잘 맞춘 양복 한 벌을 빼입고 그녀를 기다리고 있었다.

내가 만난 그녀의 첫인상은 단아하고 깨끗했다. 조곤조곤하게 이야기할 때에는 단어 하나하나마다 귀에 쏙쏙 박혀 들어왔다. 지금까지 누구와 경험해보지 못한 대화여서 나는 그녀의 이야기를 듣는 것이 무척 즐거워 시간이 가는 줄도 몰랐다. 우리는 식사를 하면서도 서로의 말 한마디를 놓치지 않으려고 노력했다.

"그러면 지금은 어머니와 함께 두 식구가 사시는 거군요."

"네, 아버지가 일찍 돌아가신 바람에 어머니가 많이 고생하셨습니다."

그녀 역시 내 이야기를 집중해서 들었다. 내가 하는 말에 따라 반응과 표정도 제각각이어서 그걸 보는 재미 또한 쏠쏠했다. 그래서 나는 평소보다 말을 더 늘려하기도 했다.

"혼자 너무 외로우셨겠어요. 며느리가 되면 딸처럼 어머니를 모셔야겠네요."

그녀의 말을 듣는 순간 나는 모든 동작을 멈칫했다. 머릿속에서는 분명한 목표 하나가 떠오르고 있었다.

'이 여자와 반드시 결혼해야겠다!'

남녀 간의 인연은 따로 있다는 말이 그 여자를 두고 하는 말 같았다. 그녀의 말 한마디에 나는 벅찬 감동을 느꼈고 어떻게든 결혼하겠노라 굳게 결심하게 되었다. 비록 그녀도 나처럼 여유로운 환경에서 자라지 못해 학교도 제대로 다니지 못했지만 사람 하나만큼은 반듯하고 인정이 넘쳤다. 그래서 나는 만나고 얼마 지나지 않아 빠른 청혼을 하게 됐다.

"아무것도 해오지 마세요. 그저 저와 결혼만 해주시면 됩니다!"

정말 나는 그녀에게 바라는 것이 하나도 없었다. 그것은 어머니도 마찬가지셨다. 오히려 나이 먹은 아들 구제해주는 여자라 더 없이 반가워하셨다. 그렇게 해서 우리는 1979년 12월 13일, 양가 가족들을 모셔놓고 조촐하게 결혼식을 올렸다. 신혼생활은 반 지하 두 칸짜리 셋방을 얻어 어머니를 모시고 함께 꾸려갔다.

이제 내 아내가 된 임옥랑(林옥랑)은 실제로도 매우 현명하고 부지런한 여자였다. 가난한 집안에 시집와서 변변한 살림살이도 없는데 그녀는 꼬박꼬박 어머니와 나를 우선으로 챙겨주었다. 한때는 양복점 비수기로 인해 생활비를 제대로 갖다 주지 못한 적도 있었는데 그녀는 심기 불편한 내색을 하거나 불평을 하는 일이 전혀 없었다. 오히려 그날그날 번 돈 2~3천 원씩을 주어도 고생했다며 감사히 받아 주었다. 그러던 어느 날이었다.

그때도 여름철 비수기라 갖다 주는 돈이 형편없어 송구스럽던 하루였다. 아내는 나의 쥐꼬리만 한 하루 일당을 받아들고는 잠시 자신과 이야기를 하자며 불러내었다. 나는 순간 '이 여자가 드디어 폭발하는구나!' 하고 덜컥 겁이 나기 시작했다.

아내의 모습은 매우 비장했고 나는 한없이 몸이 움츠러들었다. 성난 듯 보이던 아내가 성큼성큼 내게 다가와서는 손을 꽉 움켜잡고 무언가 쥐어주는 것을 느꼈다. 눈을 돌려 손을 살폈더니 그것은 뜻밖의 돈이었다.

"당신은 밖에서 고생하는데 나는 집에서 편히 있는 것만 같아 죄송스러운 마음에 조금씩 생활비를 쪼개 모아두었어요."

아내는 별거 아니라며 수줍게 이야기했다. 하지만 그것은 전혀 별거 아닌 게 아니었다. 며칠 생활비를 아껴 모은 정도가 아니라 꽤나 큰 목돈이었다. 그동안 아내는 내가 벌어다 준 돈의 절반 이상을 절약하여 남몰래 적금을 붓고 있었던 것이다. 나는 왈칵 눈물이 쏟아져 나오는 것을 겨우 참아냈다.

'내가 결혼 하나는 정말 잘했구나!'

돈도 못 벌고 무뚝뚝한 남편이 못내 서운했을 법도 한데 아내는 도리어 나를 걱정하며 알뜰하게 생활했다는 사실이 가슴을 쿡 찔렀다. 이런 아내에게 나는 '더 못난 남편은 되지 말자' 다짐하고 또 다짐했다.

현명한 아내 덕분에 우리는 결혼한 이듬해에 은평구 응암동의 다세대주택으로 이사를 할 수 있었다. 그리고 1980년 9월 16일에는 큰아들 박창우(朴창우)를 낳아 손이 귀한 우리 집에 더없는 행복을 안겨주었다. 그야말로 아내와의 결혼은 복덩이가 넝쿨째 굴러들어오는 복중의 복이었다.

'이제는 앞으로 아들 하나만 더 낳자!'

나는 속으로 욕심 하나만 더해보았다.

당신의 옷은 "넘버 원!"

서울에서 터를 잡은 지도 어느덧 10여 년의 세월이 훌쩍 지나갔다. 그동안 양복 만드는 기술을 익혔고 결혼도 했으며, 재단사로 제법 솜씨 좋다는 평판도 들어 나름 1급 양복기술자로 인정받는 시간이었다. 특히 그때 가장 인상 깊었던 기억은, 시내의 한 호텔에 입주한 '한양양복점'에서 일을 할 때의 경험이었다.

당시는 1980년대로, 첫째 아이가 태어난 해와 같은 연도였다. 지금도 그렇지만 외국인들이 호텔에 일정 기간 투숙을 하게 되면 종종 양복점을 들러 옷을 수선하거나 새로 맞춰 입고 가곤 했다. 한양양복점의 경우에는 호텔 내에 있어 더욱 외국인 손님의 방문이 잦은 곳이었다.

하루는 한 미국남성이 양복을 맞추러 들른 적이 있었다. 영어가 짧은 나는 최대한 손짓발짓으로 그와 소통하며 최상의 양복을 만들려고 노력했다. 외국인의 체형은 동양인보다 선이 굵고 제스처도 크기 때문에 나는 그들의 특징을 고려해서 활동성이 편한 양복을 지어보기로 마음먹었다.

평소 외국인들이 입은 양복을 살펴보면 하나같이 포대자루처럼 크고 퍼지는 유형들이었다. 아무래도 덩치가 있고 동작이 크다 보니 몸에 붙는 옷은 그다지 선호하지 않는 것 같았다. 하지만 양복을 티셔츠처럼 펑퍼짐하게 입으니까 몸의 라인과 양복 특유의 멋스러움이 살아나지 않아 도무지 양복을 입는 의미가 없어 보였다. 지금은 흔히 '수트빨'이라는 말도 있듯이 양복을 입으면 오히려 맵시가 살아나서 외모적인 장점을 끌어올려줘야 한다는 것이, 나의 생각이었다.

그래서 나는 기존 외국 유형의 양복패턴을 과감하게 버리고 핏을 살린 디자인으로 양복을 맞추기로 했다. 물론 타이트하지 않게 활동성을 보장해주는 것도 잊지 않았다. 예전에 내가 외갓집에서 일할 때

큰 옷이 도리어 활동성을 떨어뜨린다는 점을 상기하고 적당히 몸의 굴곡에 맞춰 옷을 지어드렸다.

그 미국남성은 완성된 옷을 요리조리 살피고 입어보며 몸을 흔들어보기도 했다. 거울을 마주한 그의 표정이 사뭇 진지해보였다. 그는 알 수도 없는 말로 뭐라고 주저리주저리 이야기해서 나를 긴장하게 만들었다.

'옷이 마음에 안 드나? 역시 그들 스타일대로 크게 만들 걸….'
갑자기 후회가 밀려왔다. 한참 자신의 모습을 살핀 남성은 갑자기 터무니없는 웃음을 띠우며 내게 이렇게 말해주었다.

"넘버 원!"

호탕한 웃음소리를 내며 그가 내 어깨를 툭툭 두들겨주었다. 그는 그 뒤로 몇 마디를 더 했는데 사실 내가 알아들을 수 있는 것은 그 말 뿐이었다.

'넘버 원? 그거는 좋은 뜻이잖아. 맘에 든다는 말이었구나!'
살짝 긴장이 풀어지면서 나도 어색한 웃음이 흘러나왔다. 남성은 양복점을 나서면서까지 내 손을 맞잡으며 아메리카 어쩌고저쩌고 넘버 원 어쩌고저쩌고 연신 이야기를 하고 떠나갔다.

폭풍이 한차례 휩쓸고 지나간 것 같았다. 나중에 정신을 차리고 곰곰이 생각해보니 그 남성의 말은 '미국에서도 인정받을 최고의 기술'이라고 나를 칭찬해준 것이었다. 그 말에 나는 한껏 의기양양해졌다.

그 일이 있고 얼마 뒤, 한양양복점에 자주 들리는 재미교포 한 분을 만나게 되었다. 그는 미국의 필라델피아에서 목회활동을 하고 계시는 목사님이셨다. 나는 그분에게 며칠 전 미국인 손님과 있었던 일화를 말해주었다. 그러자 그분은 내게 당장 미국으로 가셔야겠다고 말하는 것이었다.

"미국에서는 실력 있고 기술 좋은 사람을 '넘버 원'이라고 불러요. 즉, 당신을 훌륭한 양복 기술자로 인정하는 것이지요. 이런 기술이라면 여기보다 미국에서 더 좋은 대우를 받을 수 있습니다."

그 말을 들으니 흐뭇하고 기분이 좋았다. 목사님은 그 자리에서 당장 나의 취업이민을 도와주겠노라고 부추겨 세웠다. 하지만 갑작스럽게 이민을 결정하는 것은 전혀 예상치 못한 그림이었다. 그러나 한편으로는 모처럼 찾아온 절호의 기회이지 않을까 마음이 몹시 흔들리기 시작했다.

'그래, 미국으로 이민 가서 성공한 사람도 여럿 있는데 나라고 못할 게 뭐람. 가보자!'

당시에는 한창 아메리카 드림을 꿈꾸며 기회의 땅 미국으로 취업이민을 떠나려는 사람들이 많았다. 실제로 내가 아는 지인도 미국으로 이민을 가서 제법 자리 잡고 성공한 부류였다. 그 사실이 내게 희망의 메시지가 되어 가족과 함께 취업이민을 떠나려고 마음먹었다.

당분간 어머니에게는 비밀로 하고, 나와 아내는 이민에 관한 서류를 차근차근 준비해나갔다. 그로부터 1년 6개월 만에 미국 비자도 나와서 이제 서울생활을 정리하고 비행기 표 끊을 일만 남기고 있었다. 곧 어머니에게도 기회를 봐서 말씀드리려 하던 찰나였다.

"이 불효막심한 놈 같으니라고!"

하루는 어머니 친구 분이 양복점을 찾아와 다짜고짜 호통을 치는 것이었다. 나는 영문을 몰라 이유를 여쭙고 나자 그만 부끄러움에 고개를 숙이고 말았다.

"이민을 떠난다며? 어떻게 그 엄청난 일을 상의 한 마디도 없이 준비할 수 있어? 네 어머니가 모를 줄 알았냐! 다 알면서 눈 감고 있어 준 거지. 니 놈 앞날을 생각해서."

나는 순간 망치로 얻어맞은 듯 정신이 아찔했다. 그동안 아무것도 모를 거로 생각했던 어머니는 진즉 이민 사실을 알고 계신 것이었다. 남몰래 속앓이를 하시며 그나마 가까운 친구에게 타국살이에 대한 두려움을 털어놓으셨던 모양이었다. 어머니의 친구 분은 그것이 안타까워 내게 귀띔하러 온 것이었다.

"미국가면 확실히 더 나아질 수는 있는 거니? 네 어머니는 여간 걱정하고 있는 것이 아니다. 행여나 여기보다 네가 더 고생할까 노심초사하며 눈물까지 흘리셔."

어디서든 어머니는 내 걱정이 우선이었다. 아는 이 없는 먼 타국에서 남은 생을 살아갈 자신보다 젊은 나를 걱정하며 우시기까지 했다니 가슴이 먹먹하고 체한 듯 답답했다. 나는 남들 오가는 찻집에서 그만 숨죽여 울고 말았다.

불효를 저지르고 있다는 생각이 확실했다. 젊은 시절에 혼자되어 기댈 곳 없이 살아온 어머니신데 이제 숨 좀 돌린다 했더니 또 떠돌아야 해서 마음이 꽤나 심란하셨을 게다. 그동안 어머니의 마음을 헤아리지 못한 것 같아 죄송하고 면목이 없었다.

'그래, 이민은 접어두자. 죽이 되던 밥이 되던 성공도 이 땅에서 이루자!'

나는 그 즉시 이민을 포기했다. 아메리카 드림을 이루려했다면 코리아 드림도 못할 게 무엇이냐! 어떤 일이 생기더라도 어머니와 함께 이곳에서 단단한 거목으로 자라나리라 굳게 다짐했다.

나의 첫 사업 '보령 양복점'을 열다

올해(2017년) 어머니의 연세는 여든 다섯이 되셨다. 아직도 정정하고 활력이 넘치셔서 여간 다행스러운 일이 아닐 수 없다. 언제나 내 옆에서 든든한 버팀목이 되어주신 어머니 덕분에 나는 항상 새로운 일에 거침없이 도전할 수 있었다. 그 하나가 바로 내 양복점을 여는 것이었다.

막상 미국 취업이민을 취소하고 나니까 마음이 한결 홀가분해졌다. 물론 아쉬운 마음을 다 털어버릴 수는 없는 노릇이었다. 그래서 나는 작게나마 코리아 드림을 실천하기 위해 내 사업을 해보고자 용기를 가지게 되었다. 다행히 그 시기 선뜻 동업자도 나타나서 일이 수월하게 진행되는 것 같았다.

나의 동업자는 예전 '세종문화양복점'에서 일할 때 손님으로 찾아오던 분이셨다. 그는 조달청에 다니는 공무원으로, 내 양복 솜씨에 반해 함께 사업을 일구어보자 제안한 것이다. 당시에 나는 혼자 힘으로 양복점을 낼만 변변한 자금이 없어 흔쾌히 그의 손을 맞잡았다. 그가 2,000만 원이나 되는 거액의 자금을 투자해주기로 약속했기 때문이다. 고로 나는 기술을 제공하고 그는 자금을 대는 완벽한 조합이 이루어졌다.

우리는 수익성을 꼼꼼히 따져보고 종로에 가게를 열만한 곳을 찾아다녔다. 때마침 학원을 하던 자리가 비워져 곧장 들어가도 좋을 것 같았다. 그런데 막상 점포를 임대하려던 순간이 되자 모든 일을 중단할 수밖에 없었다. 그 이유는 바로, 내 마음의 불편함 때문이었다.

"이 돈은 내 퇴직금이요. 평생직장을 다니며 모은 돈이나 진배없죠."

동업자의 투자금이 퇴직금이라는 사실을 알고 나서 나는 한동안 깊은 고민에 빠지게 되었다.

'만일 장사가 여의치 않으면 나야 잃을 것이 없지만 그분은 평생 모은 퇴직금을 날리는 것이 아닌가….'

 나로 인해 누군가 피해 볼 수 있다는 사실이 여러모로 망설이게 했다. 그분이 아무리 상관없다 하여도 마음의 짐을 지는 것 같아 선뜻 내키지 않았다. 그래서 나는 투자금을 물리고 규모가 작더라도 혼자의 힘으로 사업을 진행해보기로 결정했다. 가족들도 나의 의견에 동의하여 십시일반 돕기로 의견을 모았다.

 일단 우리는 그동안 모은 적금을 깨고 돈이 될 수 있는 물건들을 모두 팔기로 했다. 아내가 시집올 때 가져온 패물도 예외는 아니었다. 그렇게 이리저리 모은 돈을 모두 합치니 일금 500만 원이 만들어졌다. 물론 사업을 하기에는 턱없이 부족한 금액이었지만 우리에게는 한줄기 희망이 되는 자금이었다. 우선은 이 돈으로 양복점 자리를 알아보기로 했다.

"종로바닥에서 보증금 오백으로 웬만한 가게 얻기는 힘들지. 차라리 다른 동네를 알아보시지 그래요?"

 예상했던 것처럼 가게 터를 얻는 것부터 쉬운 일이 아니었다. 그것은 다른 동네도 마찬가지였다. 나는 부동산에 그나마 얻을 수 있는 자리가 생기면 연락 달라고 하고 홀로 사방팔방 발품을 팔고 다녔다. 그렇게 며칠이 지나고 어느 날, 마침내 종로에 자리가 하나 났다는 연락을 받고 찾아갔다. 나는 그 자리에서 바로 계약하여 처음으로 내 양복점을 여는 달콤한 꿈에 부풀어있었다.

나의 첫 양복점은 종로 4가 1번지에 자리를 잡았다. 지금의 보령약국 옆 건물 3층의 다섯 평짜리 가게였는데, 당시 3층은 결혼상담소가 전부 임대를 한 상태였다. 그 한편의 작은 공간을 결혼상담소 소장이 다시 전대*로 내놓은 상태였다.

처음 내가 이 터를 보러 갔을 때는 약간 실망스럽기 짝이 없었다. 양복점을 하기에는 공간적 제약이 매우 염려스러웠다. 너무 협소한 공간이라 양복점의 집기들이 다 들어올 수 있을까도 걱정이었고, 눈에 잘 띄지 않는 3층이라는 점 또한 상당히 불리한 조건일 수밖에 없었다. 하지만 이것도 겨우 나온 자리인 데다 주변의 상가들이 대부분 내가 가지고 있는 임대료보다 훨씬 높아 결국 형편을 고려해 최선의 선택을 하게 되었다. 여기서 더 큰 것을 바란다면 그것은 염치없는 일이라는 생각이 들었다. 비록 다섯 평의 작은 일터였지만 우리에게는 약간의 월세를 더 얹어서까지 얻은 귀한 보금자리임은 분명했다.

그리하여 마침내 1982년 7월 20일 '보령양복점'이라는 간판을 달고 첫 사업의 포문을 열었다. 전주에서 서울로 올라온 지 11년 만의 일이었다.

나는 양복점 매장과 작업장 인테리어를 손수 꾸미면서 수시로 가슴이 뭉클해졌다. 빈손으로 전주를 떠나 낯선 서울에서 정착하려고 아

---

* 전대는 건물을 임대받은 임차인이 임대인의 허락을 받아 빌려준 목적물을 다시 제3자에게 빌려주는 형태.

등바등 고생했던 시간이 주마등처럼 스쳐 갔다. 어쩌면 그 모진 세월이 오늘의 달콤함을 위한 주님의 시험무대가 아니었을까 공연스레 마음도 넉넉히 써졌다.

집기라고는 달랑 중고 재봉틀 한 대에 재단테이블과 옷감을 넣어두는 선반이 각각 하나, 청색전화*가 한 대, 그리고 줄자, 각자, 곡자가 전부인 사무실이 알차게 꾸며졌다.

종업원은 주문에서부터 디자인, 재단, 재봉, 판매 등을 총괄하는 나 '박정열' 한 사람뿐이었다.

얼마 후에는 여고를 갓 졸업한 외가 동생을 불러 경리와 잡일 따위 등의 허드렛일을 맡겼지만 당시로써는 달랑 나 혼자 몇 사람의 몫을 떠맡아야 했다. 그래도 나는 마냥 신이나 얼빠진 사람처럼 하루 종일 웃음이 떠나지 않았다.

다행히 양복점은 작은 평수에 비해 의외로 여러 장점이 많은 곳이었다. 버스 정류장과 가까운 대로변에 자리 잡아 드나들기 편했고, 시장 근처라 사람들의 왕래가 잦다는 점에서 장사하기에 어느 정도 유리한 구석도 있었다.

----

* 예전 전화 시설이 부족하여 전화를 놓기가 어려웠을 때, 사용권을 남에게 양도할 수 없는 전화를 이르던 말. 1970년대 전화 관서로부터 승낙을 받아 가입하던 전화로써 그 가입 원부(原簿)가 청색으로 되어 있었고, 신청하여 1년 후 회선을 받을 수 있었다. 당시 청색전화 외에 백색전화도 있었는데 자유로이 사고팔 수 있는 전화를 백색전화라 불렀다. 백색전화의 한 대 가격은 200만 원 이상으로 쌀 80kg 한 가마에 6만 3000원 정도로 비교하면 매우 비싼 가격이었다. 따라서 백색전화는 개인소유로 양도할 수 있어 부와 권력의 상징으로 여겨졌으며, 월세를 받고 전화를 빌려주는 전화 임대업이 성행하였다.

'여기라면 분명 적자는 나지 않겠지.'

막연한 기대감이 다섯 평의 사무실에 가득 피워 올랐다. 나의 눈앞에는 이전과 다른 한 양복점의 주인이자 테일로서의 삶이 꿈처럼 펼쳐져 아른거렸다.

눈을 뜨면 '뜻'이 보이고 행동하면 '길'이 열린다

한여름의 더운 공기가 양복점 안에 가득 고였다. 숨이 턱턱 막히는 열기에 나는 수시로 갑갑함을 느꼈다. 아니 그보다 손님 하나 찾아오지 않은 현실이 나를 더욱 옥죄이고 있었다.

갑자기 문을 연 탓일까? 발길이 뜸한 양복점에서 나는 별별 생각이 다 들었다. 솔직히 처음에는 가게만 열면 벌떼는 아니더라도 손님이 여럿 몰려올 거란 막연한 기대감 같은 것이 있었다. 그런데 막상 양복점을 열어보니 내 예상은 보기 좋게 빗나가고 말았다. 며칠이 지나도 변변한 주문하나 들어오지 않아 기대감은 어느새 초조함으로 바뀌어 버렸다. 꿈같은 미래는 이미 소멸한지 오래였다.

전단지를 만들어 뿌려도 반응은 신통치 않았다. 가끔 양복점 문이 열리는 순간은 지나가다 길을 묻는 행인이거나 호기심에 이것저것 캐묻다가는 뜨내기손님이 전부였다. 어쩌다 옷을 살피러온 사람도 있었지만 바로 주문으로 이어지지는 않아 하루하루 난처하고 당황스러운 상황이 계속되었다.

'예전의 단골손님 명함이라도 챙겨둘 걸….'

그것도 미국으로 이민 간다고 모아두었던 고객들의 명함을 일전에 모두 없애버린 뒤였다. 그래서 양복점을 열었다고 딱히 알릴만 한 곳도 없어 매우 난처한 상황이었다. 그때 왜 그런 어리석은 짓을 했을까? 내 자신이 한심스럽기 짝이 없었다. 이대로 가다가는 아내에게 한 달 생활비를 주는 것은 고사하고 월세 내기에도 허덕일 것이 불 보듯 뻔했다.

'또 가족들의 얼굴은 어떻게 봐야하나….'

걱정이 이만저만 아니었다. 사실 가족들은 딱히 양복점의 사정을 알지 못했다. 퇴근 후 집에 돌아가면 어머니와 아내가 "오늘은 손님이 들었냐?"고 물을 때마다 나는 마치 바쁜 척 "작은 가게에 손님이 많아도 골치 아프다."고 애매모호한 대답으로 넘겨버렸다. 그러면 가족들은 '제법 손님은 있구나' 지레짐작하고 있을 뿐이었다. 이제는 그러한 거짓말도 지쳐서 방귀 뀐 놈이 성낸다고 집에 들어가면 신경질적으로 변해 말을 닫아버렸다. 하지만 나는 누구보다 양복점 사정을 잘 알고 있지 않던가. 가장의 어깨가 무참히 무너져 버리는 순간이었다.

늦은 퇴근 시간 집으로 가는 길은 무겁고 괴롭기만 했다. 속도 모르는 지하철은 종로에서 홍제동으로 어둠을 뚫고 빠르게 달려갔다. 역을 하나씩 훑고 지나가는 순간에도 나의 정신은 양복점에 메여 전혀 미동이 없었다.

'어떻게 해야 손님이 생기는 것일까?'

이런저런 고민을 하다 보면 어느새 내릴 역에 도착해있었다. 밤 10시가 넘은 시간인데도 지하철 역무실의 불은 환히 켜져 있었다. 얼핏 들여다보니 아직도 많은 사람이 근무를 하고 있는 것이 보여 갑자기 부러운 생각이 들었다.

'나도 저렇게 밤늦게까지 일했으면 좋겠다.'

그렇게 아쉬운 마음으로 개찰구를 나가려던 찰나였다. 일순간 "바로 저것이다!"라는 생각이 머리를 강하게 스치고 지나갔다.

'자리만 지키지 말고 영업이라도 뛰어야겠다!'

전 재산을 털어 마련해준 양복점인데 어떡해서든 살리지 않으면 안 됐다. 그래서 나는 다시 한번 심기일전하여 정신을 바짝 추슬렀다.

찾아오는 손님이 없다면 내가 직접 찾아가면 되는 것이 아닌가! 나는 그 즉시 발길을 돌려 지하철 역무실 문을 벌컥 열었다. 그리고는 직원 한 사람에게 한 개의 역마다 몇 사람이 근무하는지를 물어보았다. 그는 의심의 눈초리를 하면서도 곧잘 대답해주었다.

"역장을 비롯해서 안내와 매표 종사자, 청원경찰, 청소부까지 다 합치면 족히 20명은 넘을 겁니다."

나는 그에게 감사의 말을 건네고 가뿐한 마음으로 돌아갔다. 다음 날 퇴근 시간이 다가오자 전단지와 양복 샘플 노트, 줄자 와 채촌표 등을 주섬주섬 챙기기 시작했다. 그리고는 양복점을 나와 그 즉시 지하철 2호선 역무실을 찾아가 그들을 상대로 영업을 하기로 마음먹었다. 당시 지하철 2호선은 개통된 지 얼마 되지 않아 1호선보다는 상대적으로 역무실이 한가한 모습이었다. 분주하지 않은 틈으로 영업하기 적당했고, 강남에서 강북으로 도는 순환차선이어서 역마다 다니기 쉬운 장점이 있었다. 덕분에 나는 2호선의 역을 순회하며 양복 영업에 한창이었다.

'오늘 주문을 받지 않으면 집에 들어가지 않겠다!'

그전에 영업하며 뿌릴 담배도 두 갑 정도 사두고 다부진 각오도 함께 했다.

낯선 나의 방문에 역무실의 반응은 경계의 눈빛이 강했다. 내가 테일러라 소개하고 양복샘플을 보여주자 몇몇이 귀를 기울이기 시작했다. 그리고 출장을 통해 채촌에서 가봉까지 현장에서 이루어져 양복을 만들어준다고 설명하니 그제야 모두 관심을 보이기 시작했다. 저마다 양복샘플을 살피고 한두 명이 주문을 넣어주었다. 마침내 일감이 생긴 나는 뛸 듯이 기뻐 연신 감사 인사를 하고 나왔다.

곧이어 다른 역무실로도 향했다. 주문은 의외로 쉽게 들어왔다. 역무원의 일하는 시간이 늦고 주기적으로 바뀌다 보니 제때 옷을 맞추기 힘든 사람들이 많았다. 그래서 도리어 내 방문을 반기는 경우도 있어 나는 기대 이상의 주문을 받게 되었다.

　그날 밤 영업을 통해 받은 주문은 낮에 출근하여 양복을 재단했다. 그리고 퇴근 시간인 밤 9시가 되면 지하철 역무실로 어김없이 향해 갔다.

　'오늘은 다섯 벌이다! 주문을 받기 전까지 절대 집에 들어가지 않으리라.'

　매일 하루의 목표치를 정하고 심기일전하여 영업에 집중했다. 지하철 막차가 끊어질 때까지 역무실을 찾아다녔고, 심지어 2호선 방배동 본사까지 찾아가 고객의 주문을 받기도 했다. 그러다 보면 어느새 시간은 11시가 훌쩍 넘어 자정이 다되어서야 집에 들어갈 수 있었.

　나의 늦은 퇴근이 연일 계속되자 아내에게 괜한 의심을 사기도 했다. 혹시 외도를 하는 것은 아닌가? 뿔이 난 아내는 전에 없던 투정을 부리며 나를 몰아세웠다. 그제야 나는 그간 양복점의 사정을 설명하고 지금 하고 있는 영업에 대해 소상히 일러주었다. 아내는 자신의 치기 어린 질투를 미안해하며 고생하는 내가 안쓰러워 눈물을 비추기도 했다. 하지만 나는 전혀 힘들거나 고단하지 않았다. 오히려 일이 없을 때의 괴로움이 더욱 커서 바빠진 지금의 현실이 감사하고 행복하기만 했다.

　비록 몸은 지쳐도 많아진 주문량을 보면 콧노래가 절로 났다. 공휴

일도 못 쉴 정도로 바쁜 나날의 연속이었다. 가족들 혹은 친구들과 어울려 어디를 놀러 간다는 것 역시 상상조차 하지 못할 일이었다. 밤에는 영업, 낮에는 양복 만드는 일에 빠져 다른 것을 둘러볼 겨를이 없었다. 이처럼 내가 지독하게 일에 빠져 산 데에는 생활비와 월세만이 아닌 나름의 이유가 하나 더 있었기 때문이었다.

1982년 9월 14일, 우리 집에 또 하나의 경사가 생긴 까닭에서였다. 그것은 바로 내가 그토록 바라던 둘째 아들 박창진(朴창진)이 태어났다는 사실이었다. 내 모든 기도가 응답을 얻은 이때에, 나는 그만큼 책임감을 가지고 열심히 살 수밖에 없었다.

하루하루 최선을 다하며 양복 만드는 일에 매진하다 보니 사업기반도 어느 정도 안정이 되어 갔다. 이제는 애써 영업을 하지 않아도 소문을 듣고 찾아오는 이가 꽤 많아져 좀 더 큰 장소로 양복점을 옮기지 않으면 안 될 지경에 이르렀다. 그야말로 나의 첫 양복점 사업은 비교적 빠른 시일 내에 성공적인 궤도에 안착하게 되었다.

작은 생각이 차이를 만든다

여러 해가 지나 어느 순간 보령양복점은 예복 맞춤 전문으로 소문이 나기 시작했다. 이 때문에 예복을 맞추러 오는 고객들의 발걸음이 끊이지 않고 이어졌다. 생애 가장 중요하고 특별한 순간을 위해 보령양복점을 방문해준다는 것은 나로서는 매우 고마운 일이었다. 그래서 무엇보다 품위 있고 멋진 예복을 만들어드리기 위해 옷깃 하나마다 온갖 정성을 쏟아 작업했다. 그러다 문득 이런 고민이 생겨났다.

'고객이 원하는 시간에 좀 더 빨리 납품할 수 없을까?'

당시 손바느질만으로는 많은 양의 주문을 한꺼번에 소화할 수는 없었다. 그래서 고안해낸 것이 MTM(Made to Measure) 즉, 반맞춤 방식의 재단이었다. 이지오더(easy order)라고도 하는데, 이미 정해진 디자인과 소재(옷감)를 갖고 각 체형별로 일정한 치수에 맞추어 옷을 생산해내는 제조 시스템이다. 가봉이 생략되어 빠르게 그리고 대량으로 옷을 만들 수 있다는 장점이 있다.

나는 이러한 방식을 적용하여 사이즈별로 대여섯 개 정도의 제품을 만들어놓고 고객의 체형에 맞게 그때그때 수정을 해주었다. 지금이야 이런 방식이 흔하게 사용되고 있지만 당시만 해도 이를 접목하여 납품하는 업체는 거의 없었다. 주로 대형 마트나 백화점 등에서 자체로 이러한 시스템을 이용해서 제조 판매하고 있지만, 일개 양복점에서는 보령양복점이 처음이지 않았나 싶다. 이러한 새로운 아이디어와 기술 노하우 덕분에 나름 밀려드는 주문을 잘 대처해나갈 수 있었다. 다행히 모든 고객이 나의 옷을 좋아해 주셨고 감사의 마음을 아낌없이 표현해주었다. 덕분에 나는 테일러이자 양복점의 대표로서 커다란 만족과 보람을 느끼며 하루하루를 감사하게 보내고 있었다.

어떤 하루 역시 여느 때와 마찬가지로 예복을 재단하고 있던 중이었다. 그런데 또다시 궁금증 하나가 맴돌아 머릿속을 떠나지 않았다.

'평상시에도 예복을 입고 다닐 수 있을까?'

사실 결혼식 때 외에 예복을 입는 경우는 극히 드물었다. 내 경우만 해도 예복은 장롱 속의 유물이 되어버린 지 오래였다. 예복이 멋지기는 하나 평상복으로 입고 다니기에는 너무 과하고 거추장스러운 것은 분명했다.

'맞춤 예복이 한두 푼 하는 것도 아닌데 한번 입고 썩히기에는 너무 아까운 걸.'

고객이 지불하는 금액을 생각하면 괜스레 내가 다 아까운 생각이 들었다. 그래서 나는 예복을 일상에서도 좀 더 실용적으로 활용할 수 있는 방법을 고민하기 시작했다. 결혼복은 따로 연미복이나 이브닝드레스를 입어야 하지만 사람들은 흔히 예복으로 턱시도를 가장 많이 선호했다. 턱시도로 맞춤을 하면 이를 평상복으로 입기란 여간 어려운 것이 아니다. 불편한 것은 둘째 치더라도 과한 격식을 갖춘 의상 때문에 주변의 시선에서 자유로울 수 없는 것이 문제였다. 따라서 나는 턱시도로 맞춤한 후 평상복으로 변경할 수 있는 디자인을 만들어 사람들에게 알렸다.

"결혼이 끝나고 예복을 가져오시면 평상복으로도 입을 수 있게 리

폼해드리겠습니다."

예복을 평상복으로 바꿔준다는 소문은 삽시간에 퍼져나갔다. 실제로 예복 리폼은 신랑신부에게 엄청난 호응을 얻었고 장롱 속에 방치해둔 오래된 예복을 꺼내 찾아온 고객들로 넘쳐났다. 따라서 일반 맞춤뿐만 아니라 예복 맞춤이 보령양복점의 또 다른 수입원으로 자리 잡게 되었다.

그러던 어느 날이었다.

"안녕하세요. 예전에 양복 맞춤했던 사람인데요. 제가 실은 곧 결혼을 합니다."

한번은 예전 방문 고객이 다시 찾아온 적이 있었다. 그의 손에는 당시 맞추었던 양복이 들려있어 예복으로 리폼하려는 의도가 분명했다. 하지만 뭔가 난감한 표정으로 양복을 건네지도 않고 머뭇거리기만 하고 있었다. 한참을 우물쭈물하다 마침내 그가 무거운 입을 떼고 말했다.

"근데 제가 지금 돈이 없어서…."

그는 말이 끝나기도 전에 고개를 숙이고 얼굴을 깊게 파묻었다. 그 모습이 꼭 오래전 의기소침해있던 나의 모습과 닮아 보였다. 이 때문이었을까? 나는 얼른 그의 손에서 양복을 빼앗듯 받아들며 대답했다.

"괜찮습니다. 수선비는 나중에 월급 받으면 주세요!"

그가 내 말에 반응하여 용수철처럼 고개를 번쩍 들었다. 흐릿했던 그의 얼굴에 갑자기 생기가 돌기 시작했다. 그는 연거푸 고개를 숙이며 수선비를 갚으러 오겠노라고 거듭 강조했지만 사실 그의 약속은 내게 그리 중요한 것이 아니었다. 혹여 그가 약속을 지키지 않는다 하여도 상관없었다. 그것은 일종의 선물 같은 것이었다. 내가 지은 옷을 입고 그의 앞날이 조금 더 힘차고 밝았으면 좋겠다는 바람, 그것이 수선비보다 간절했을 뿐이었다.

고객의 결혼은 얼마 남지 않은 상태라 다른 일은 제쳐두고 그것부터 해결해드렸다. 그 후 바쁜 일상으로 그때의 일을 까맣게 잊고 지낸지 한 달이 지났을 무렵이었다.

"사장님, 저 기억하세요? 신세를 갚으러 왔습니다."

그가 진짜 약속대로 수선비를 가지고 온 것이다. 내 덕분에 자신이 곤란한 상황을 모면했다며 나를 은인이라 치켜세우기까지 했다. 밝아진 그의 모습을 보자 다시 한번 테일러란 직업을 선택하길 잘했다는 생각이 들었다.

정신없이 많은 시간이 흘렀다. 퇴근 후에는 지하철 역무실을 돌아다니며 영업을 하고, 비교적 손님이 덜한 이른 오전 시간에는 대형빌딩과 대학 등지를 돌아다니며 양복 주문을 받았다. 동국대, 건국대, 고려대, 단국대 등 몇몇 대학의 교수 연구실을 학생보다 더 뻔질나게 드나들어 오죽하면 교수들 사이에서 나는 '양복 교수'라는 별명까지 얻게 되었다.

그렇게 어느덧 5년이란 세월이 지나고 보니 보령양복점은 따로 공장을 둘 정도로 크게 성장해 있었다. 기존 결혼상담소가 있던 자리가 빠지면서 3층 전체로 매장을 확장했고, 양복을 주문받는 전담 영업사원도 3명이나 채용했다. 그리하여 직원 수가 무려가 20여 명이나 되었다. 이러한 규모의 양복점은 당시 보령양복점이 유일했다.

하지만 호사다마라고 했던가. 보령양복점에 매번 좋은 일만 있었던 건 아니었다. 한번은 아침에 출근해보니 매장이 텅 비어 있고 집기만 어지럽게 흩어져있었다. 간밤에 도둑이 들은 것이다. 도둑들은 판매대에 걸어놓았던 예복과 비즈니스 수트, 자켓, 코트 등 고가의 의류들을 전부 가지고 사라져버렸다. 심지어 어머니께서 사주신 자그마한 라디오까지 자비 없이 가져가 말문을 막히게 했다.

아니, 오히려 그것은 약과에 불과했다. 도둑들이 얼마나 대범했냐하면 매장 한가운데 용변을 누고 담배꽁초를 버리기까지 한 것이다. 그들이 우리 양복점에 온 손님들 중 가장 느긋한 손님이 아니었을까…. 황당하고 기가 찰 노릇이었다. 일단 나는 경찰서에 가서 도난신고를 했지만 한동안 텅 빈 매장에서 망연자실하게 서 있을 수밖에 없었. 도무지 그 누구도 믿어지지 않았다. 날 위로하는 직원 중에 범인이 있는 것은 아닌지, 평소 알고 지낸 사람은 아닐는지 온갖 의심에 신경이 날카로워졌다. 행여나 양복점을 지나는 주변의 행인마저 가히 평범해 보이지 않았다. 한번 색안경을 끼고 세상을 보자 모두가 범인

일 수 있겠다는 생각이 미쳤다. 순간 왜곡되고 비틀려진 내 마음과 정신을 깨운 것은 한 손님의 방문 때문이었다.

"에구, 이게 무슨 일이래? 저기 오늘 예복을 찾으러 왔는데요."

아뿔싸! 예복을 맞춘 고객들을 까맣게 잊은 것이다. 나는 최대한 공손한 태도로 밤사이의 일을 설명하고 사과의 말을 전했다. 하지만 고객에게 중요한 것은 곧 있을 결혼식이지 도둑맞은 내 사정이 아니었다.

"결혼식이 내일모레인데 그럼 당장 예복을 어떡하란 말이에요! 평생 한 번 있는 날에 뭘 입냐구요!"

신랑신부는 발을 동동거리며 울먹이기까지 했다.

"당신들 때문에 우리 애들 앞날이 잘못되면 책임질 거야?"

그들의 부모는 역정을 내며 마구 삿대질을 하기 시작했다. 나는 고개를 들지 못하고 자꾸 허리만 굽어 내려갔다. 머릿속으로는 해결책을 찾으려고 수만 가지 생각이 오고갔다.

'큰일이다! 곧 다른 고객들도 옷을 찾으러 몰려올 텐데 이를 어쩌지?'

보령양복점에 찾아온 첫 번째 시련이었다. 이대로 고객을 돌려보내면 경제적으로 엄청난 손해를 입을 것이 분명했다. 가장 주문량이 많을 때이기도 했지만 무엇보다 한번 신용을 잃으면 다시는 회복하기 힘들다는 것을 일찍이 보아온 터였다. 사정이야 어떻든 고객들의 신용만큼은 결코 잃어서는 안 되는 것이었다.

"걱정하지 마십시오! 제가 밤새워서 결혼 전날까지 만들어 놓겠습니다."

그들은 못 미더운 표정을 지었지만 이제와 달리 방법이 없는 터라 내게 다시 한 번 기회를 주고 돌아갔다. 그 뒤 줄줄이 옷을 찾으러 온 손님 역시 같은 방법으로 양해를 구하고 돌려보냈다. 그리고 다시 만들어야 할 옷들과 전쟁을 치를 준비를 시작했다. 지금은 범인을 찾으려 모두를 의심하기보다는 협조를 통해 신용을 지키기는 것이 먼저였다.

나는 모든 직원을 동원하여 급한 옷부터 밤을 새워 만들었다. 납품일을 늦출 수 있는 옷은 나중에 작업하면서 하루하루 완성된 옷들을 고객에게 전달해드렸다. 다행히 모두들 흡족해하며 고생했다는 말을 잊지 않았다. 마지막 납품까지는 꼬박 한 달이 넘게 걸렸다. 그동안 보령양복점의 하루는 밤낮없이 지나가 오늘이 언제인지도 모를 정도였다. 무사히 고객과의 신용은 지켰지만 납품 전쟁의 후유증은 온몸 구석구석 깊은 통증을 남겼다.

옷과의 전쟁에서 평화가 찾아오기까지 20여 일이 지났다. 그러던 어느 날, 뜻밖에 성동경찰서 강력계로부터 급한 연락 하나를 전달받게 되었다.

"놈들을 잡았습니다. 그곳 옷이 맞는지 확인 좀 부탁드립니다."

나는 한달음에 경찰서로 달려갔다. 그리고 그 도둑이 누군지 한눈에 알아볼 수 있었다. 녀석들은 아주 뻔뻔하게도 우리가 만든 셔츠와 양복, 코트까지 한 벌 제대로 갖춰 입고 신사마냥 허리를 세우고 꼿꼿이 앉아있었다. 그 모습이 어찌나 화가 나던지, 내 평생 그토록 큰 소리가 나온 적이 없었다. 내가 고래고래 소리를 지르는데도 그들은 마주보고 웃기만 하는 것이 순간 사람이 저리도 흉해질 수 있는지 도리어 그들이 측은하게 느껴졌다.

'사람다운 행동은 못 해도 끝까지 마음만은 사람으로 남았어야지….'

몹시 안타까웠다. 얼마나 돈이 필요하면 저리도 변할 수 있는지 비통하기까지 했다.

내 심정은 잡혀 온 도둑들보다 더 심란하기만 했다. 그들이 잡히기 전까지 내가 의심한 사람들은 어찌 억울하지 않겠는가. 도둑을 당한 나보다 도둑 취급을 받은 무고한 사람들이 더 많은 것이 사실이었다. 물론 지극히 심정적이기는 했지만 주변 사람들을 의심의 눈초리로 바라봤다는 것은 결코 부정할 수 없었다. 얼굴이 화끈거리면서 부끄럽고 미안한 마음이 걷잡을 수 없이 끓어올랐다. '도둑맞고 죄 된다'는 옛말의 의미를 이날처럼 명확히 새긴 적이 없었다. 마음이 불순했던 것은 내 자신도 마찬가지였으리라. 그날의 일은 나도 그들과 다르지 않다는 것을 인정하고 반성하는 계기가 되기도 했다.

나중에 형사에게 들은 이야기인데 도둑들은 중앙시장에 양복과 라디오를 팔려했다가 잡혔다는 것이다. 그들은 지극히 평범한 가정에서 자랐으며 한 명은 선생 아들도 있었다고 한다. 반드시 돈이 필요해서 도둑질한 것만은 아니었다는 말이다. 그런 사실을 알고 나니 그들에 대해 불편하고 괴로운 마음은 풀길이 없었지만 공연히 누군가 의심하기보다 더 강한 믿음으로 포용하는 자세가 중요하다는 깨달음을 얻은 보상이라 여겼다. 그리고 돌려받은 옷은 어려운 이들에게 전달함으로써 봉사의 마음으로 그날의 일을 전부 털어버렸다.

믿음으로써 강해지다

　예기치 못한 우편물이 속달로 전해졌다. 겉봉투를 보니 건물주가 보낸 것은 확실한데 이것이 정말 나에게 보낸 것인지는 의문이 들었다. 왜냐하면 그 봉투 속의 내용물은 보령양복점이 임대한 매장과 공장을 당장 비워달라는 내용증명서였기 때문이다.
　'이 건물로 들어온 지 얼마 안 됐는데 벌써 비워달라고?'
　이해할 수 없는 노릇이었다. 보령양복점은 1989년 사업을 더욱 확장하여 건물 25평을 임대받고 이곳에 입주한 지 고작 6개월이 지났다. 임대기간도 2년으로 아직 여유가 있었고, 매장과 공장으로 공간을 나눠 인테리어를 새로 한 상태였다. 그런데 갑자기 나가라니? 날벼락도 이런 날벼락이 없었다.

　물론 이곳에 들어올 때 임차한 건물의 소유주가 바뀔 거라는 소문을 듣긴 했었다. 하지만 아무리 소유주가 바뀌었다고 이렇게 마음대로 입주자를 내보내는 것은 아니지 않은가! 일방적이고 부당한 통보에 혼란스럽고 눈앞이 캄캄했다. 나는 곧장 건물의 새 주인을 만나 다시금 말을 잘 해볼 심산이었다.

"사정이야 알겠지만 저희도 꼭 필요해서 어쩔 수 없습니다."

　주인은 창고용으로 해당 건물을 사용해야 한다며 한사코 나의 부탁을 들어주지 않았다. 되도록이면 빨리 가게를 비워달라는 말만 거듭 전할 뿐이었다. 별다른 소득 없이 건물주를 만나고 온 날 나는 홀로 술잔을 기울였다.

'그동안 밤늦게까지 일하며 어떻게 일구어낸 사업장인데…'

　발바닥이 부르트도록 뛰어다녔던 지난날들이 허무하게 무너져가고 있었다. 설움이 술에 섞여 온몸을 집어삼켰다. 나는 매일 밤 술을 마시지 않고는 견딜 수 없는 괴로움과 스트레스에 시달렸다. 밤에도 잠이 오지 않아 뜬 눈으로 허공만 쳐다볼 뿐이었다. 그래 봤자 사방은 온통 어둠이라 보이는 것은 아무것도 없었다. 그것이 마치 내 앞길을 펼쳐놓은 것 같아 순간 가슴이 미어질 듯 답답했다. 내일은 또 무엇을 어떻게 해야 하는가? 지금 같은 상황에 가만히 일을 한다는 것도 우습기만 했다.

　답은 이미 정해졌지만 나는 그 답을 적기 싫었다. 그것은 옳은 답이 아니라는 것을 명확히 알기 때문이었다. 아무런 노력 없이 마냥 당할 수만은 없는 노릇이었다. 무작정 나 혼자 전전긍긍한다고 해서 풀릴 문제는 아닌 것 같아서 평소 다니던 교회의 목사님을 찾아가 방법을 의논했다. 그러다 아는 분의 소개를 통해 변호사 한 분을 만날 수 있었다.

　"건물주로부터 양복점을 비워달라는 내용증명서를 받았습니다. 저 같은 임차인들은 주인이 나가라고 하면 나가야 하는 것입니까? 그렇다면 너무 억울합니다."

　변호사는 나의 전후사정을 듣고는 의외로 간단하게 그간의 고민을 해결해주었다. 그의 말에 따르면, 당초에 건물 임대차계약을 맺을 때 존속기간을 2년으로 했기 때문에 아직 내게는 건물을 사용할 수 있는 기간이 1년 6개월이나 유효하다는 것이었다.

　"그러니 너무 억울해하지 마시고 오히려 당당하게 권리를 주장하세요!"

　그는 법률적인 문제에 있어 자신이 적극 돕겠다고 약속해주었다. 그리고 건물주에게 요구할 수 있는 부분들에 대해 세세하게 안내해주었다. 갑자기 막혔던 숨통이 트이는 것 같았다. 여러 사람의 지혜를 얻으면 이리 길이 보이는 것을 왜 여태껏 홀로 괴로워했지 무안해질 정도였다. 나는 든든한 백을 두고 건물주를 향한 반격의 카드를 준비하기 시작했다.

변호사를 통해 임차권 권리를 명시한 공문을 작성하고 건물주에게 이 사실을 통보했다. 그러자 이번에는 건물주가 득달같이 달려와 예전과 반대로 내게 부탁을 하는 것이었다.

"사실 저희도 다른 방도가 없어서 그렇습니다. 건물을 사는 바람에 다른 장소를 알아볼 여유도 없거든요."

오히려 건물주가 통 사정하는 바람에 나는 더 이상 버틸 재간이 없었다.

'그래 건물주가 그 건물을 매입할 때에는 그만한 계획과 목적이 있었겠지.'

참으로 기분이 묘했다. 상대방이 강하게 나오면 어떻게든 이겨보겠다고 오기가 생겼는데 반대로 몸을 숙이고 다가오니 내 마음도 한없이 연약해졌다. 어쩔 수 없이 건물을 비워주기로 결정을 내렸다. 건물주는 이사에 대한 일체 비용을 자신이 부담하기로 약속해주었다. 상황은 원만히 합의하여 일단락 지었지만 내가 처한 문제는 전혀 변한 것이 없었다. 빨리 새롭게 양복점을 열 장소를 물색해야만 했다.

다음날부터 나는 종로 시내를 하루 종일 돌아다녔다. 하지만 지금의 양복점처럼 사람들의 왕래가 잦고 교통이 편리한 상권은 어디에도 없었다. 그러니 건물주가 욕심을 낸 까닭도 충분히 이해가 갔다.

'점포를 옮기더라도 지금보다 더 나은 자리를 잡아야 손해가 없다!'

짧은 기간 또 다시 양복점을 옮긴다는 것은 여간 부담스러운 일이 아닐 수 없었다. 단골고객과 영업고객에게 이미 지금의 장소를 알려드렸는데 이동을 하게 되면 커다란 혼선이 생기는 것은 지극히 당연한 일이었다. 게다가 잦은 이사는 보령양복점의 이미지를 흐릿하게 만들 수도 있는 노릇이었다. 이러한 피해를 최소화하기 위해서는 최대한 지금과 가까운 곳에, 더욱 편리한 교통권이 확보된 장소가 필요했다.

그러나 그러한 곳이 생각처럼 쉽게 나올 리 만무했다. 종로 바닥을 몇 번이고 돌고 또 돌아도 어둠 속에 있는 것처럼 내가 원하는 장소는 전혀 보이지 않았다. 하지만 나는 포기하지 않고 다음 날에도, 또 그다음 날에도, 같은 일을 반복하며 기도하고 또 기도했다.

'믿는 자에게 복이 있다 하지 않은가. 믿자! 믿고 행동하면 반드시 복은 찾아올 것이다.'

나는 모든 결과를 하늘의 뜻으로 맡기고 과정에만 충실하기로 했다.

며칠 그렇게 발품을 팔던 어느 날이었다. 사무실을 보러 다니며 내심 부러워했던 장소가 하나 있었는데 때마침 그곳이 나왔다는 말이 전해졌다. 나는 기회다 싶어 황급히 달려가서 바로 계약을 해버렸다. 그 장소는 종로 4가의 9-1번지로, 1층에 위치한 매장이었다. 전보다 더 좋은 위치여서 나는 매우 만족스럽게 점포를 이전할 수 있었다.

  1991년, 보령양복점은 세 번째 터전에서 전열을 가다듬었다. 내게 남은 것은 다시 사업에 전념을 쏟는 일뿐이었다. 이제 모든 불행이 지나갔으리라. 제2의 보령양복점 부활에 청신호가 켜지는 것이 보였다.

PART

4

꿈을 입히는 재단사

PART 4

꿈을 입히는 재단사

IMF, 절망의 순간이 찾아오다

　거침없는 질주였다. 한 달에 양복 200벌은 너끈히 소화할 정도로 생산 라인도 확장했다. 보령양복점은 이대로 탄탄대로를 거닐 것만 같았다. 하지만, 나의 예상과 달리 불행은 결코 꺼진 것이 아니었다. 잠시 웅크렸다 더 큰 화염으로 살아나 서서히 우리를 덮치고 있었다.
　1997년, 누군가 리모컨의 정지 버튼을 누른 것처럼 일순간 모든 것이 멈춰버렸다. 경제도 사람도 시간도 심지어 생각마저, IMF의 한파는 삽시간에 많은 것을 얼리고 있었다. 시중에 자본은 끊기고 사람들의 소비도 줄면서 작고 연약한 기업들이 제일 먼저 나가떨어졌다. 여기저기서 줄 도산이 이어지며 경제위기는 그 부피를 키워 모두를 위협했다. 보령양복점도 예외는 아니었다.

그 무렵 사업장을 확장했던 시기라 갑자기 찾아온 경기 한파는 우리를 정면으로 훑고 지나갔다. 생활이 어려워진 사람들은 양복을 맞추러 오기보다는 값싼 기성복 시장으로 눈을 돌렸다. 평소 맞춤양복의 가치를 찬양하며 찾아오던 단골마저도 발길을 끊고 바겐세일 제품에 손을 뻗었다. 그러다 보니 자연히 보령양복점도 사람 들어오는 것이 귀한 구경이 될 정도였다.

'이번 달은 또 어떻게 버텨야 하나….'

사업을 넓히느라 얻은 대출과 수십 명이나 되는 직원들의 월급, 다달이 나가야 하는 임대료가 내 목을 조여 왔다. 어디 그뿐이랴…. 고등학교 1학년인 큰아들과 중학교 2학년인 작은아들 녀석들의 학비도 준비해야 했고, 집안의 생활비도 마련해야 했다. 이미 얼마간 그렇다 할 생활비도 전하지 못한 상태였다. 앞선 시련은 명함도 못 내밀만큼 엄청난 위기였다. 나는 어쩔 수 없이 잔인한 선택을 해야만 했다.

얼마 뒤 공장의 사람들과 영업사원들을 내보냈다. 정든 직원들을 떠나보내는 일은 괴롭고 우울했다. 힘든 시기 그들은 또 어떻게 살아갈지 가슴이 미여 왔다. 하지만 월급도 제대로 주지 못하는 내게 있는 것도 그리 안전하지는 않다는 것을 그들이 먼저 알았다. 일부는 스스로 나가겠다고 청하는 이들도 많았다. 이래저래 나는 보령양복점의 직원들 상당수를 떠나보내야 했다.

"당장 가게 비워요! 아니면 밀린 임대료를 내던가!"

몇 달째 임대료가 밀리자 건물주의 압박이 들어왔다. 진퇴양난으로 나는 이도저도 할 수 없었다. 가게를 비우면 무엇을 할 것이요 없는 돈에 임대료는 어떻게 내란 말인가? 이번에는 도무지 해답이 나오지 않았다. 주변에 도움을 청한 들 대답은 매한가지였다.

"요즘 같을 때에 누가 돈이 있겠어. 우리도 눈치 보는 것은 똑같아."

"그래도 그쪽은 보증금이라도 챙길 수 있잖소. 나는 땡전 한 푼 나올 구멍이 없수다."

물론 처음 건물을 임대할 때 주었던 보증금 천만 원이 있는 것은 맞는 말이었다. 그나마 그것이 있어 건물주가 내게 시간을 벌어준 것이었다. 이미 밀린 임대료가 거기에서 슬금슬금 깎여가고 있었다. 사람들은 이런 내 사정을 속속들이 다 알 리가 없었던 것이다.

나는 '얼마간의 보증금이라도 챙겨야 하나'란 생각이 들었다. 찾아오는 손님도 없는 양복점을 언제까지 붙잡고 있을 수만은 없는 노릇이었다. 경기가 언제 풀릴지 모르는 상태에서 적자의 가게를 떠안고 있다는 것은 엄청난 손실이었다.

'그래, 남은 보증금이라도 챙겨서 조그마한 일이나 구상해보자!'

슬프고 힘든 결정을 내려야 할 시기가 찾아왔다. 당시 내 나이 47살로, 양복점에서 일한 지 30년 이상의 세월을 흘러 보낸 시점이었다. 이제 다리 펴고 지내나 했더니 그 기쁨도 길게는 허락지 않는 모양이었다. 그 오랜 기간 테일러라는 꿈 하나를 키우며 버텨왔는데 인정받고 한창 일해야 할 시기에 놓아버린다는 것이 여간 어려운 일이 아니었다.

 부동산으로 향하는 발걸음이 길었다, 짧았다, 가다 서다를 반복했다. 한걸음마다 한숨도 절로 따라 나왔다. 내 인생이 송두리째 도려내지는 것 같은 아픔이 전해졌다. 어쩌면 다른 방도가 있지 않을까? 길 한가운데 서서 다른 해결책을 구상해보기도 했다. 예전처럼 막무가내 영업 전선에 뛰어든다고 해서 주문이 들어오는 때도 아니었다. 모두들 살얼음판 위에 서 있는 사람들이었다. 언제 빠질지 몰라 가지고 있는 것도 덜어내야 했던 시간. 뭘 맞추고 입는다는 것은 그야말로 사치였다.

 모든 것이 명료해지자 걸음걸이가 다시 빨라졌다.
 '미련 없이 털어버리자!'
 그 뒤로 나는 잰걸음을 하고 부동산으로 들어갔다. 괜스레 뭉그적 거렸다가 아무것도 못 할 거 같아 그 즉시 보령양복점을 내어놓았다. 그리고 부동산을 나서며 테일러로서 무르익었던 손을 한번 탁탁 털어버렸다.

어느 하나 의미 없는 배움은 없다

"앞으로 뭘 하실 생각이세요?"

아내의 물음에 나는 어떤 대답도 할 수 없었다. 아니, 하지 못한 것이 맞는 표현이다. 양복점 외에 내가 할 수 있는 일이 아무것도 없다는 것을 깨닫게 되었다. 그래도 양복 기술을 배우며 영업도 해봤는데 못할 것이 무엇이랴 호기롭게 생각도 해봤지만, 막상 다른 일을 알아보려 하니 자꾸 겁이 나기 시작했다.

'조그만 식당이라도 차려볼까? 그곳도 손님이 없으면 어쩌지?'

겨우 남긴 보증금까지 날리는 것은 아닌지 여간 노심초사한 것이 아니었다. 이럴 때에는 무엇을 해야 하나 그것을 고민하는 것조차 머리가 지끈지끈 아팠다. 바로 그 순간이었다.

"따르릉— 따르릉—"

전화벨 소리가 심상찮게 울려댔다. 오랜만에 양복점의 정적을 깨는 소리였다. 나는 또 내심 건물주의 임대료 닦달은 아닌지 전화기를 드는 손이 사뭇 떨렸다. 그리고 수화기를 타고 넘어오는 소리에 일순간 나의 미간이 사정없이 구겨졌다.

"앞으로 인터넷의 시대가 도래할 것입니다. 미리 홈페이지를 만들어 준비해두는 것이 좋겠습니다."

어디서 누가 한 것인지도 모를 뜬금없는 소리를 하고 전화는 끊어졌다. 나는 잠시 어안이 벙벙했다. 홈페이지를 만들라는 것은 맞는데 누구에게 만들라는 홍보도 아니고 그렇다고 장난전화치고는 너무 진지해 좀처럼 갈피를 잡을 수 없는 이야기였다. 참으로 이상한 일이었다.

그 전화를 받고 처음에 나는 '세상이 힘드니 별 이상한 사람도 생겨나는 구나' 생각하고 대수롭지 않게 넘기려했다. 그런데 좀 더 깊게 생각해보니 제법 그럴싸한 말이었다.

'음… 허투루 넘길 말은 아닌 것 같아. 배워두면 쓸모가 있을 거야.'
예전에 컴퓨터도 누가 쓰냐고 말들이 많았지만 결국은 컴퓨터가 타자기를 밀어내지 않았던가! 비록 누군가의 장난이었을지도 모르지만. 나에게는 결코 흘려들으면 안 될 것 같은 강렬한 메시지처럼 전달됐다.

'컴퓨터와 인터넷을 배워두면 다른 기회도 생겨날지 몰라.'
언뜻 희망 같은 것이 보이는 듯싶었다.

이상한 전화 이후 나는 컴퓨터를 배우기 시작했다. 다행히 내가 다니던 교회의 집사님 한 분이 통신회사에 다니는 전문가라 주일에 틈틈이 그분의 신세를 지기로 했다. 예배시간 전이나 후 한 시간 정도를 쪼개어 나는 뒤늦게 컴퓨터 과외를 시작했다. 학업도 그렇고 컴퓨터도 그런 것이 나에게 배움은 언제나 늦게 이루어지는 팔자인 모양이다.

"왜 이제 와서 컴퓨터를 배우시려고 하세요?"

그분은 내게 이유를 물어왔다. 나는 일전에 내게 걸려온 전화에 대해 설명하고 전문가의 의견을 물었다. 그러자 그도 맞장구를 치며 "앞으로 홈페이지를 통해 소통하게 될 거에요."라고 일러주었다. 그리고 더불어 인터넷을 활용하는 법까지 알려주겠노라고 약속했다.

나는 두 달 가량 교회 집무실에서 컴퓨터를 배웠다. 그 사이 주변을 통해 홈페이지도 만들어두었다. 이제는 컴퓨터 자판이 재봉틀만큼은 아니지만 제법 손에 익었다.

"오늘은 다른 곳에서 실습을 할 거예요. 따라오시죠!"

그가 웃으며 나를 이끌고 간 곳은 PC방이었다. 생전 처음 본 PC방은 늦은 밤 독서실처럼 음침했지만 그곳과 비할 수 없이 시끄러웠다. 우리는 PC방 한 자리를 차지하고 앉아 인터넷을 열심히 들여다보았다. 이곳저곳 마우스를 휘저을 때마다 바뀌는 모니터의 화면들이 어지럽게 펼쳐졌다. 이것들로 어떻게 소통을 한다는 것이 도무지 이해할 수 없었다.

"내 홈페이지 좀 봐줘요. 잘 만들어졌나요?"

이왕 온 김에 나는 그에게 숙제처럼 홈페이지를 확인받았다.

"잘 만들었어요. 다만 여기 있는 게시판을 정리해야겠는 걸요. 여기서 많은 이야기를 나누게 될 테니까요."

멀리, 모르는 사람들과 전화가 아닌 인터넷으로 이야기를 나눌 수 있다는 것은 꽤나 신선한 발상이었다. 사실 정확히 어떻게 소통되는지 알 길이 없었지만 훗날 언젠간 중요하게 쓰일 날이 올 것이라고 믿고 있었다.

그러나 막상 그때는 그렇게 반짝 관심을 쏟다가 잊어버렸다. 가상의 공간에 정신을 쏟기에는 현실이 매우 절박해서 여럿 둘러볼 길이 없었다. 간간히 방문하는 손님들이 있다 한들 양복점을 살릴 기미는 보이지 않았고, 마냥 놓아버리자니 지난날이 발목을 잡았다. 더욱이 양복점을 접으면 무엇을 할 것인지도 명확하게 그려지는 것이 없었다. 첩첩산중 속에 헤어 나오지 못하고 시간만 자꾸 흘러갈 뿐이었다.

베풂으로 깨달은 테일러의 의미

양복점은 이미 부동산에 내놓은 상태였지만 다음 임차인은 제때 나타나지 않았다. 그렇게 대책 없이 임대료만 깎이던 어느 날이었다. 한번은 내가 다니던 교회의 담임 목사이셨던 이성희 목사님께서 양복을 맞추러 온 적이 있었다. 얼마나 반가운 걸음인지 채촌을 하는 내내 마냥 신이 나고 가슴이 두근거렸다. 더욱이 그날은 값지고 소중한 인연을 하나 더한 날이라 더욱 기쁨이 큰 하루였다.

어떤 부름에서였는지 양복을 맞추러 온 이성희 목사님 곁에는 중년의 남성도 한 분 계셨더랬다. 처음 본 낯선 얼굴이었지만 푸근하고 선한 인상이 사람들로 하여금 친근감을 느끼도록 만들고 있는 분이었다. 전반적으로 중후하고 기품 있는 분위기를 풍기고 계셨지만 한 가지 나를 자꾸 거슬리게 하는 것이 있었다. 그것은 바로 옷차림의 상태였다.

그분이 가진 깊고 정감 있는 인상과 달리 입고 있던 정장은 옷깃이나 소맷부리, 단추 구멍 등이 모두 닳아 낡고 허름한 모습이었다. 심지어 얼마나 오래 입었는지 옷 빛깔이 전부 바래서 누가 입다 버린 옷을 주워 입은 것처럼 보일 정도였다. 물론 일반인들의 눈에는 건성으로 보고 넘어갈 수 있는 문제였지만 재단사인 내 눈에는 정장이라고도 말할 수 없는 몰골이었다. 사람의 이미지를 살려야 하는 옷이 반대로 좋은 인상을 깎아먹는 것 같아 안타깝고 아쉬운 마음이 들었다.

"옷이 많이 낡으셨네요."

나는 조심스럽게 신사 분께 말을 붙여보았다. 그러자 그분은 호탕한 웃음을 보이며 그럴 수밖에 없었던 이유를 설명해주었다.

"당최 옷에 신경 쓸 여력이 없었습니다. 개척교회를 열고 목회 활동을 하느라 여간 바쁜 게 아니어서요. 그나마 오늘 같은 날 서울 목사님 덕분에 양복점 구경을 다 해보네요."

그는 자신을 어느 시골 벽지에서 개척교회를 운영하는 목사라고 소개했다. 그 목사님의 말씀에 따르면 개척교회를 연지 얼마 되지 않아 바쁘기도 하고 지금 머무는 곳이 오지마을이라 마땅히 옷을 사거나 맞춰 입을 곳이 없다는 것이었다. 그런 까닭에 몇 벌 안 되는 양복이 모두 허름해져 빛이 바랜 상태라며 수줍게 인정하고 계셨다.

목사님의 사연을 듣고 나자 낡은 정장이 더욱 애달프게 느껴졌다. 얼마나 열심히 봉사하며 목회활동을 하셨으면 옷이 저리 낡아지는지도 몰랐을까? 감탄이 절로 나왔다. 그리고 한편으로는 안타까운 마음이 더해졌다.

'신도들 앞에 서야 하는 목회자이니만큼 옷차림도 단정하고 깨끗해야 할 텐데….'

흔히 옷은 그 사람의 인격과 신분을 나타낸다고도 하지 않은가. 목사님의 성품에 걸 맞는 옷이 절실히 필요해 보였다.

"목사님, 상의 좀 벗어보시지요."

나는 정중한 태도로 그분께 부탁을 드렸다. 그랬더니 목사님은 부끄럽다는 듯 내 청을 가볍게 물리셨다.

"새 옷을 만드시는 분이 낡은 옷은 보셔서 뭘 하시려고요? 손에 때 타십니다."

겸손하고 고상한 거절이었다. 하지만 나도 전혀 물러설 생각이 없어 떼를 부리는 아이처럼 계속 부탁을 드렸다. 초면에 실례가 되는 일이지만 반드시 그래야만 하는 이유가 나에게도 하나 생겼기 때문이었다.

"목사님, 아시다시피 저는 테일러입니다. 낡은 옷을 수선해드리겠습니다."

테일러로서 그분의 정장을 정갈하게 매만져드리는 것이, 오늘 내가 반드시 해야 할 임무인 것만 같았다. 왠지 이 모든 것이 우연이라고만은 생각이 들지 않았다. 낡은 정장을 입고 찾아오신 개척교회의 목사님과 양복 만드는 일을 그만두려는 테일러와의 만남은 시작과 끝의 묘한 연결고리를 만들었다. 그것은 어떤 불가항력적인 힘으로 강하게 묶여 있었다.

처음에 내 호의를 극구 사양하시던 목사님도 끝내 제 몸을 내어주셨다. 나는 그 자리에서 그분의 치수를 재고 바로 옷 만들기에 돌입했다. 그 어느 때보다 신중하고 정성을 들여 옷을 만들었다. 행여나 거친 시골길에 옷이 쉽게 닳거나 찢길까 걱정하며 옷단마다 몇 겹의 천을 대어 좀 더 강하게 보완하고, 단추도 단단히 고정하여 허무하게 떨어져 나가는 일이 없도록 신경 썼다. 비록 시간이 지나면 옷의 빛깔은 흐려지겠지만 지금의 인품은 더욱 빛날 수 있는 정장을 만드는 데 노력했다. 그리하여 더 많은 신도들이 목사님의 곁으로 다가갈 수 있기를 바라고 또 바랬다. 이러한 마음으로 옷을 만드는 과정에서 나는 지금껏 느끼지 못한 새로운 희열도 느끼게 되었다.

'옷에도 마음을 담고, 꿈을 담고, 희망이 담기는구나!'

그동안 바쁜 일상에 치어, 현실적인 문제에 골몰하여 잠시 놓치고 있던 것들이 떠올랐다. 내가 옷을 만들고 싶어 했던 이유, 테일러가 되려고 했던 노력, 양복점 일을 하며 느꼈던 기쁨들이 새록새록 살아나 온몸으로 빠르게 퍼져나갔다. 가슴 한쪽에서는 불이 난 것처럼 심장이 뜨겁게 달아올랐다.

그랬다. 부끄럽지만 사실 나는 옷을 만드는 재미를 그만 잊고 있었더랬다. 어쩌면 테일러를 그만두려 했던 것도 결국 내 마음의 문제였는지도 모를 일이다. 경제적인 이유는 작은 핑계일 뿐 내가 만들려 했던 옷의 의미를 잃어버린 것이 더 컸던 탓이었다. 비로소 이를 인정하고 나니 줄곧 나를 짓누르던 괴로움들이 사라져 한결 가벼워지는 것을 느꼈다.

목사님의 옷을 만들고 난 이후 나는 새롭게 태어난 기분이었다. 완성된 옷을 받은 그가 아이처럼 기뻐하는 모습을 보면서 도리어 내가 무한한 감사를 느꼈다.

'나도 누군가를 기쁘게 할 수 있는 사람이라는 걸 알려주시려 했던 거군요.'

그것이 봉사의 참 의미를 깨닫는 순간이었다. 봉사의 기쁨은 내가 누군가에게 도움을 준다는 사실에서 나오는 것이 아니었다. 나에게 봉사할 수 있는 기회를 만들어주신 데에서 진정으로 감사함을 느끼게 되는 것이다. 그것은 내가 지금으로도 충분히 가치 있는 사람이라는 걸 느끼게 해주었다.

　이번 일을 계기로 나는 좀 더 많은 봉사의 기회를 얻고 싶다는 생각이 들었다. 기왕에 일을 놓게 될 거라면 그 기술을 좋은 데 쓰고 가는 것이 제일 보람찰 것 같았다.

　'앞으로 내가 할 일은 봉사이다!'

　그 결심에 미련과 후회 따위는 존재하지 않았다.

재능을 나누는 삶, 양복 봉사활동을 시작하다

　"이 사람이? 여기 와서 거짓말하면 안 돼요."

　"진짜입니다. 기사를 내주십시오!"

　국민일보 관계자는 내 부탁에 어처구니없다는 듯이 쳐다보았다. 그도 그럴 것이 물건을 팔려고 광고하는 사람은 있어도 봉사를 하겠다고 광고를 실어달라는 사람은 흔치 않았을 테니까 말이다.

　"신문에 실린 글은 국민과의 약속입니다. 전국적으로 퍼져나갈 텐데 지금 그 말에 책임지실 수 있으십니까?"

　이번에는 염려의 눈빛을 담아 되물었다. 그러나 나는 전혀 흔들림이 없었다. 이 일을 하기로 결심한 순간부터 내 안에서는 전보다 더 강한 울림이 전달됐다. '네 일은 봉사이니라!' 어디서 오는지 모를 그

끝없는 외침이 결국 나를 이곳으로 이끌고 있었다.

사실 처음에는 그저 주변의 어려운 분들이 있으면 돕는 정도로 시작하려고 했다. 우연히 내 양복점을 방문한 개척교회 목사님처럼 내 눈에 보이는 데에서 저렴하게 양복을 맞춰드리거나 더 어려운 경우 무료로 양복을 만들어드릴 셈이었다. 그런데 곰곰이 생각해보니 그것이야 전에도 해왔던 일이라 새삼 봉사랄 것도 없어 보였다. 1984년 무렵부터 나는 힘들고 고단했던 시절을 상기하며 나같이 어려운 사람들에게 약간의 도움을 주려고 소소하게나마 재능 나눔을 해오던 참이었다. 그것이 딱히 봉사라고까지 할 정도는 아니어서 '내 주변만 돌본다면 예전과 뭐에 다를까?'란 생각이 미쳤다. 봉사하겠다 크게 마음먹은 게 무안할 지경이었다. 그래서 재능 나눔도 봉사도 할 것이라면 제대로 해보자는 뜻이 있었다.

당시 이천만 원의 보증금이었던 것이 밀린 임대료로 깎여 이백만 원 정도 남아있었고, MTM 공장 계약 보증금 천만 원은 칠백만 원이 남겨진 상태였다.

'이백만 원이면 두 달은 버틸 수 있고 공장 보증금 칠백이나 남아있지 않은가! 그것으로 봉사는 충분하다.'

남은 보증금을 탈탈 털어서라도 봉사에 쓰려고 단단히 다잡았다. 물론 아쉬운 마음이 없었던 것은 아니다. 가족 생활비며 아이들 학비도 빠듯한 실정에 한 푼이라도 더 아껴야하나 갈등도 느꼈다. 그러나 어차피 양복점을 접으려면 그 돈 역시 내 것이 아니라는 생각이 들었다. 지금까지 양복 일을 하며 번 돈이지 않은가. 이제껏 이만한 사업으로 성공한 것도 결코 내 힘만으로 된 것은 아니라는 것을, 누구보다 잘 알고 있었다.

성장은 재능과 노력으로 이루어지지만 성공은 그만큼의 운도 따라줘야 하는 법이다. 그래서 항상 자신의 능력만을 믿고 과신해서는 안 되며, 내게 주어진 모든 것들을 당연시 여겨서도 안 되는 것이다. 그렇기에 나는 마음을 비우고 다시 모든 일은 하늘의 뜻으로 맡기기로 했다. 비록 맨손으로 양복점을 나갈지언정.

"딱 두 달만 시간을 주세요! 그동안 제가 반드시 해야 할 일이 있습니다."

건물주에게 두 달만 시간을 달라고 사정했다. 물론 건물주도 흔쾌히 승낙해주었다. 그로서는 부탁을 거절할 까닭이 없었다. IMF 전까지 성실하게 임대료를 내어 나에 대한 신뢰도가 높았고, 따로 보증금도 가지고 있는 상태라 전혀 손해 볼 일은 아니었기 때문이다. 그렇게 얻은 시간 동안 나는 봉사활동에만 전념하기로 했다. 국민일보를 찾은 것도 그 이유에서였다.

"한 달 동안 양복을 맞춰준다고 기사를 실어주세요."

이를 시작으로 십만 원대의 원재료 값을 제하여 무료 맞춤양복을 하게 된 것이다. 인건비와 전기, 실 등의 기타비용을 따지면 내게는 엄청난 마이너스였다. 그럼에도 불구하고 한 달 주문을 받고 한 달 동안 모두 완성하여 양복을 전달해드릴 심산이었다. 신문에 실렸다고 해서 내가 감당하지 못할 정도로 과하게 일이 오지는 않을 거라는 생각에서였다.

'앞으로 두 달 남았다. 내 재단사의 인생도 그것으로 막을 내리리라…'

물론 하늘의 뜻이야 정해진 바가 있는 것은 아니지만 나는 나대로 마지막을 준비하고 있었다. 무엇의 마지막을 안다는 것은 의외로 편안하고 단순해지는 일이었다. 나는 그 마지막이 주는 의연함과 초연함으로 봉사의 부름을 기다리고 있었다.

기사는 국민일보 1999년 11월 6일 자에 실려 전국으로 퍼져나갔다. '맞춤양복 무료로 기증' 참으로 선이 굵고 명확한 기사 제목이었다.

이번 봉사는 개척교회 목사님에게서 얻은 영감으로 비롯되어 농어촌의 목회자들과 원로하신 분들에 한해 고급양복을 선사할 계획으로 진행됐다. 그것도 명품 보령양복점에서 이루어진다는 보도에 반응은 몹시 빠르고 뜨겁게 나타났다.

"진짜 보령양복점에서 재료값만 받고 맞춤양복을 만들어주시나요?"

기사의 진의여부를 묻는 전화가 폭주하기 시작한 것이다.

평소 차분했던 보령양복점의 전화기가 사방에서 울려댔다. 당시 보령양복점에는 3대의 전화기가 있었는데 모두 동시에 울려대는 통에 정신이 하나도 없었다. 마치 곡예사처럼 3대의 전화를 오고가며 받아야 했고, 하나의 통화를 끝내고 내려놓으면 곧바로 벨이 울렸다. 사정이 이렇다 보니 종국에는 아내와 큰아들마저 가게로 불러 걸려오는 전화를 받게 해야만 했다.

대부분 통화의 내용은 10만 원대에서 양복을 맞출 수 있느냐의 사실 확인과 양복점의 위치를 묻는 것이었다. 그래서 보도가 나간 후 처음 3일 동안은 매장에 손님이 미어질 듯 몰려들었다.

"세 벌 맞춰주세요!"

"저는 다섯 벌로 해주세요."

맞춤양복이 거의 기성복의 가격이거나 그것보다 저렴하다 보니 한 번에 여러 개의 옷을 맞추려는 고객들로 넘쳐났다. 마치 경쟁하듯 주문이 밀려오는 바람에 고객 접대마저 손이 모자랄 정도였다. 그러니 작업량은 어떠했겠는가! 남아있는 공장 인원과 합세해서 작업량을 소화해도 바쁘긴 마찬가지였다. 식사 시간도 아까워 빵과 우유를 때우는 일이 잦았고, 심지어 끼니를 거르는 일도 다반사였다. 그때 내 속마음은 '신문을 대수롭지 않게 여겨 큰코다치는구나!' 싶었다. 단 한 줄의 기사도 가벼이 여겨서는 안 된다는 것을 몸소 배운 셈이었다.

실제로 맞춤양복의 소문은 꼬리에 꼬리를 물어 그 파급력이 더욱 강해졌다. 매일 30~40벌의 양복주문이 들어왔다. 그러다 보니 이제는 약속한 시간에 옷을 완성해주는 것이 더 큰 문제였다.

그때는 눈코 뜰 새 없이 바쁜 하루도 봉사를 한다는 마음에 절로 기쁨이 됐다. 간혹 찾아오는 고객 중에는 어려울 때 손해를 보면서까지 왜 이런 일을 하느냐고 묻는 이도 많았다. 그러면 나는 도리어 그들에게 물었다.

"굳이 봉사에 때를 가릴 필요가 있을까요?"

흔히 사람들은 자신이 성공하고 여유가 있을 때 봉사를 베푼다고 하지만 과연 누가 그 시기를 알 수 있겠는가. 현재 내가 마지막으로 무언가 할 수 있다면 대부분의 사람들은 기꺼이 남에게 호의를 베풀 것이다. 자신의 마지막을 가장 아름답게 장식하는 방법은 누군가를 행복하게 만들어주는 것임을 잘 알고 있기 때문이다. 그러므로 봉사는 때의 문제가 아니라 마음의 자세에서 비롯된다는 사실이다. 오늘이 그 마지막 날일 수도 있다는 마음, 나는 그 마음을 지금 이 순간 전부 꺼내 보이고 싶었다.

봉사를 한 덕분에 나도 유쾌하고 행복한 경험들이 많았다. 기사를 보고 찾아와 단지 내 얼굴만 보고 가는 분도 더러 있었는데 대부분은 칭찬을 해주기 위해서였다. 힘든 시기 세상을 밝게 해주어 감사하다는 이, 나보고 국회에 나와야 한다는 이, 훌륭한 일을 한다는 이 등등 모두 함께 내 앞날을 기도해주었다. 그들로 인해 나는 더욱 힘을 내어 마지막까지 봉사에 매진했다.

최초의 인터넷 양복주문을 이뤄내다

"양복을 맞추려면 꼭 그곳으로 가야 하나요?"

양복 봉사활동은 무르익어갔지만 내심 한 가지 아쉬운 점이 있었다. 몇몇 지방에서 오는 문의에 대해서 성심성의껏 응하지 못한다는 사실이었다. 물론 전화야 친절하게 받아도 따로 출장을 갈 수 없는 처지라 그들이 서울로 오지 않고서는 양복을 맞춰주지 못했다. 그 때문에 정작 절실히 옷이 필요한 사람들이 소외받는 것은 아닌가 하는 고민이 생겼다.

'서울로 옷을 맞추러 오지 못하는 사람들에게도 옷을 전해줄 수 있는 방법이 없을까?'

이 문제로 내내 신경이 쓰였다가도 또 다른 고객이 오면 흐지부지 생각을 멈추기 일쑤였다. 그러던 어느 날이었다. 수많은 양의 양복을 만들다 보니 어느새 하나의 패턴이 보이기 시작한 것이다.

'대략적인 신체 치수만 알면 멀리 있더라도 양복을 만들 수 있겠는 걸.'

제법 재단 노하우가 쌓여서 옷을 만드는 중요한 사이즈만 알면 원격으로도 충분히 작업이 가능하다는 판단이 들어서였다. 물론 직접 체형을 보고 치수를 재서 작업하는 것이 제일 만족스러운 결과물을 만들겠지만 그렇지 못한 상황에서는 이러한 방법에라도 도움을 드리고 싶은 것이 내 마음이었다. 그리고 때마침 이를 행동으로 실천할 수 있는 절호의 기회도 찾아왔다. 어느 날 전라도 무주의 시골 마을에서 한 통의 전화가 걸려온 것이다.

"저희 목사님의 옷이 필요해서 연락드렸습니다. 저희가 직접 찾아뵙고 말씀드리고 싶지만 사정이 여의치 않아 갈 수가 없네요."

전화 속 여인은 차분하고 조심스러운 목소리로 이야기를 계속했다. 그녀는 자신을 오지마을에서 목회하시는 목사님의 부인이라고 소개를 하며 고민 하나를 털어놓았다.

"목사님께서는 키가 190센티미터의 거구에다 골격도 우람한 편입니다. 그래서 아무리 비싸고 좋은 기성복을 사 입혀도 당최 옷태가 나지 않아요. 대부분 옷의 길이가 짧고 작아서 불편해하고 남들 보기에 우스꽝스러워 보여서 속상합니다."

나는 그녀의 마음을 충분히 이해할 수 있었다. 시골에서 옷을 맞춰 입으려 해도 마땅한 곳이 없을뿐더러 여러 벌의 옷을 장만하기에 비용도 만만치 않았을 터였다. 그 목사님이야말로 정말로 나의 도움이 필요한 분이며, 내가 연구한 것을 적용할 수 있게 기다려왔던 분이셨다. 나는 즉각 부인께 몸의 치수 재는 법을 세세히 알려주며 채촌표를 만들어줄 것을 부탁드렸다. 작성된 채촌표는 우편으로 받기로 하고 기다리는 동안 이번 작업에 대해 묘한 기대감을 가지고 있었다.

며칠 후 목사님의 체형이 적힌 채촌표가 득달같이 도착했다. 나는 이를 기초로 하여 본격적으로 양복 만드는 데에 돌입했다. 고객을 직접 대면하지 않고 처음 도전하는 작업인지라 오랜 재단사 경력에도 불구하고 괜스레 설렘과 떨림이 느껴졌다. 그것은 정장을 완성하고 택배로 보낼 때까지 계속 됐다.

'과연 가봉 없이 채촌표로만 만들어진 양복이 잘 맞을 수 있을까?'

누구도 해보지 않은 이 실험적인 양복맞춤에 대해 걱정 또한 함께였다. 만약에 채촌표가 잘못되었다면 옷은 맞추나마나였다. 또한 채촌표가 제대로다 하여도 눈으로 확인하고 가봉을 통해 수정되어야 하는 부분도 있어서 섣불리 제 몸에 맞을 거란 단정을 지을 수가 없었다. 나름 세심하게 고민하고 정성들여 만들었다지만 입은 모습조차 보지 못하니 신경 쓰이는 것은 당연한 노릇이었다.

'옷은 잘 받으셨을까?'

목사님 쪽에서의 연락은 더디기만 했다. 실제로 더디기 보단 나의 조바심으로 연락을 기다리기가 힘들었다. 그렇다고 먼저 연락을 해보는 것도 실례여서 꾹꾹 눌러 참고 있던 찰나였다. 마침내 무주에서 전화가 온 것이다. 이번에는 목사님께서 직접 연락을 해오셨다.

"선생님의 재주에 정말 놀랐습니다! 직접 사이즈를 재지 않고 가봉도 없었는데 어쩌면 이렇게 양복이 딱 맞을 수 있습니까? 그것은 신이 주신 선물입니다!"

그는 기대 이상의 감탄과 칭찬을 쏟아냈다. 그제야 나도 초조했던 마음을 쓸어내리게 되었다. 그와의 통화가 끝난 후 나는 엄청난 희열을 맛보았다. 채촌표만으로도 좋은 결과물이 나올 수 있다는 것을 확인했고, 타 지역의 분들에게도 양복 봉사를 하는 방법을 찾게 돼서 더 없이 뜻 깊었다. 그러다 순간 새로운 아이디어가 번개처럼 스쳐갔다.

'전화로만 받을 게 아니라 인터넷을 활용해 볼까?'

인터넷으로 소통이 가능하다는 말이 불현듯 떠오른 것이다.

예전에 나는 제일모직의 신사 정장을 만드는 갤럭시 공장이나 코오롱의 캠브리지 공장 등의 대형 기성복 제조공장을 둘러본 일이 있었다. 기성복의 출현으로 맞춤양복이 위협을 받을 때 '적을 알아야 대응하지 않겠나' 싶은 마음에 한국에 견학 온 일본인들 무리에 섞여 구석구석 탐방을 했었다. 그때 느낀 점은, 맞춤 양복점들도 제조공정에 있어 좀 더 편하고 빠르게 응대할 수 있는 시스템을 갖출 필요가 있다는 것이었다. 그런데 당시에는 무엇을 어떻게 활용해야 할지 제대로 파악되지 않았었다. 비로소 오늘에서야 그 해답을 찾은 기분이었다.

'맞춤양복을 한다고 반드시 양복점을 찾아올 필요가 없도록 만들어야겠다!'

이제 의복의 주문·생산도 인터넷을 통해서 얼마든지 가능하지 않을까 하는 것이었다. 그러기 위해서는 먼저 구체적인 채촌표가 필요했다. 나는 채촌표 표본 작업을 돌입하고 홈페이지를 통해 주문이 가능하도록 정비했다. 그러면서 다시 한번 나는 오묘한 이치를 깨달았다. 막연한 끌림으로 만들어 놓은 홈페이지가 바로 이러한 순간을 위해 계획된 필연적인 일이란 생각이 자꾸 들었다. 어떤 지혜의 힘이 나를 이끄는 것은 아닌가 싶어 말할 수 없이 가슴이 벅차올랐다.

이처럼 사전에 미리 준비된 가운데 인터넷 사이트 개편은 빠르고 쉽게 이루어졌다. 그리고 마침내 보령양복점의 인터넷 사이트(www.tailorshop.co.kr)를 활용하여 양복맞춤 주문이 가능토록 보완되었다. 그것은 어느 양복점에서도 시도해보지 못한 신선한 발상으로, 우리가 최초로 인터넷 양복맞춤 주문의 포문을 열었다. 지금은 누구라도 인터넷상에 주문생산이 가능하지만 당시만 해도 이는 매우 혁신적인 아이디어였다. 이를 통해 나는 다양한 고객과 소통이 가능해졌고, 좀 더 손쉽게 봉사에 접근할 수 있게 되었다.

이러한 반가운 사실은 즉각 기사화 되어 국민일보는 물론 기독교 관련 매거진과 신문에 실리기 시작했다. 덕분에 홈페이지 내에서도 전국 곳곳에서 주문이 잇따라 들어왔다. 지방 각도는 물론 거제도, 완도 등의 섬에서까지 주문이 쏟아지는 통에 두 달이란 봉사의 시간은 무색하기만 했다. 이미 양복을 완성하고 납품하는 일이 길어지면서 나의 테일러 인생도 지속적으로 생명을 이어가게 되었다.

봉사가 끝난 이후로도 일반 주문이 계속해서 이어져 들어왔다. 봉사활동으로 좋은 이미지를 쌓은 데다가 홈페이지를 통한 쉽고 빠른 접근이 더 큰 시너지를 발휘한 덕분이었다. 그로인하여 나는 기사회생의 기회를 엿볼 수 있었다. 그러나 안타깝게도 그간 양복점이 껴안은 재정적 결핍은 쉽게 풀리는 것이 아니었다. 더 많은 손님이 늘어나지 않는다면 양복점은 곧 문을 닫을 수밖에 없는 처지로 위태로운 줄타기는 계속되었다.

비움으로 채워지는 기적

하루는 정장을 말끔하게 차려입은 신사가 양복점을 방문했다. 그는 별다른 말없이 의자에 털썩 주저앉고는 먼저 마른 목을 축이고 있었다. 잠시 뒤, 잔을 내려놓고 던진 그의 말 한마디가 한참 동안 내 귀를 의심하게 만들었다.

"15일 이내에 양복 120벌 가능해요?"

그것은 나도 가능성을 가늠하기 어려운 터무니없는 주문이었다. 15일 동안 정장을 120벌 만드는 곳이 과연 있기는 할까? 나도 되레 묻고 싶은 마음이었다. 그런데 때마침 신사가 찾아온 때가 IMF의 마지막 무렵이라 생산 라인을 잔뜩 늘려놓고 작업량이 빠진 상태였다. 일단 가능성 여부보다는 120벌이란 말에 눈이 번쩍 뜨일 수밖에 없는 시점이었다.

'이렇게 날 또 시험에 들게 하시려는 구나.'

힘든 시기에 주문이 들어오는 것은 감사한 일이지만 양에 비해 턱없이 부족한 기간이 나를 몹시 흔들고 있었다. 다소 복잡한 심경에 머릿속으로는 '주시려거든 편히 주실 수 없느냐'고 누구에게라도 따져 묻고 싶을 정도였다. 하지만 그런 생각도 잠시뿐이었다. 이렇게 일을 주신 데에는 그만한 이유가 있을 거란 생각이 들었다. 지금껏 내게 있었던 모든 일이 언제나 그러했으니까.

"맡겨만 주신다면 만들어드리겠습니다."

결국 나는 신사의 제안을 승낙해버렸다. 그로서 내 삶은 늘 새로운 도전의 연속이었다.

이와 달리 한편으로는 고객에 대한 의구심이 들기도 했다. 엄청난 양의 주문이 진짜 사실이며 제날짜에 결제나 받을 수 있을까 하는 불안이었다. 만약 옷을 납품했는데 고객이 약속을 저버리면 어쩌란 말인가. 내 손해는 둘째치고서라도 직원들의 인건비가 걱정이었다. 사실 옷을 만드는데 재료비보다 인건비가 더 많이 드는데다, 맞춤양복은 급여로 정산하는 공장의 방식이 아닌 일이 주어지는 대로 일당을 주기 때문이다. 그래서 결제에 대한 확실한 보장이 없다면 내 승낙과 달리 일을 받기는 힘이 들었다.

"아, 그것은 염려 안하셔도 됩니다. 저희는 신원이 확실해요!"

그는 호언장담을 하며 호탕하게 웃어 보였지만 오히려 그것이 더욱 미심쩍게 만들었다. 사기꾼들이 하는 대표적인 말이 자기는 믿어도 된다는 것이 아닌가. 나는 여전히 의심을 풀지 못하고 거기가 어디기에 한꺼번에 양복을 120벌이 필요하냐고 되물어보았다. 그러자 그는 이렇게 대답했다.

"SK야구단의 창단 유니폼입니다."

"SK야구단이라…?"

처음 들어보는 이름이었다. 내가 알기로는 당시 프로야구단은 두산 베어스, 롯데 자이언츠, 삼성 라이온즈, LG 트윈스, 해태 타이거즈 등이 있었다. 또다시 사기꾼이 아닌가 싶었다. IMF의 불경기가 끝나지도 않았는데 누가 새로 야구단을 창단한단 말인가! 섣불리 승낙을 한 것이 아닌지 후회가 밀려왔다.

중년의 신사가 떠나고 찝찝한 마음을 떨쳐버릴 수가 없었다. 그리고 시간이 지날수록 그의 정체가 좀 더 명확하게 그려져 가고 있었다. 그가 보령양복점을 다녀간 지 며칠이 지난 후로는 감감무소식이었다.

순간의 욕심에 가려져 내가 잘못 판단한 것은 아닐까 차근차근 생각해보았다. 물론 의심이 들긴 했지만 그의 표정과 행동은 전혀 거짓말할 사람처럼 보이지 않았다. 게다가 내게 그런 거짓말을 하고 떠날 이유가 뭐에 있단 말인가. 어차피 가능성만 물었을 뿐 주문을 하고 작업을 시작한 것도 아니었다. 작업을 했다 치더라도 옷을 넘기지 않으면 그만이었다. 물론 손해는 내가 감수해야 할 부분이지만 그가 결코 이득을 볼 것은 없다는 점이다. 재미로 그런 허튼소리를 할 양반은 아니었다. 이번에는 그를 굳게 믿어보기로 했다.

'테일러가 옷을 만드는 사람이지 자기 멋대로 고객을 재단하는 사람은 아니다!'

나는 잠시나마 고객을 판단하고 의심한 것에 대해 깊이 반성했다. 고객을 믿지 못하는 테일러는 결코 자신과 고객이 만족하는 옷을 만들 수 없다. 의심의 손끝에서 최선의 노력과 최고의 기량이 나올 리 만무하기 때문이다. 다시 한번 내 못난 마음부터 다듬어 고객을 진심으로 대하리라 마음먹었다.

다음날 고객에 대한 부끄러운 마음을 거두고 인사도 할 겸, 그가 두고 간 명함을 찾아 전화를 걸었다. 그는 내 목소리에 먼저 반갑게 화답해주었다.

"아이코, 제가 연락이 늦었습니다. 유니폼 입을 사람이 늘어서 확인하느라 정신이 없었네요. 혹시 괜찮다면 내일 전주종합경기장으로 와주실 수 있으십니까?"

나는 그의 부탁대로 아침 일찍 전주 야구장으로 달려갔다. 진짜 그의 말대로 당초 120벌이었던 주문량이 30벌이나 늘어 총 150벌로 주문이 들어왔다. 1, 2군 선수와 감독, 임원까지 모두 합친 숫자였다. 나는 그들을 상대로 꼬박 하루해가 저물도록 채촌표를 만들었다. 그다음은 15일 안에 유니폼을 만드는 일만 남았다.

시간이 워낙 촉박하여 MTM 방식으로 작업을 진행해야 했다. 감독과 임원은 별도로 핸드메이드를 하고, 나머지 선수들은 반맞춤으로 제조기간을 짧게 해서 약속한 기일 내에 옷을 모두 완성해주었다. 다행히 그들도 유니폼의 납품과 동시에 순조롭게 결제해주어 일전의 내 걱정을 다시 한번 무색하게 했다.

SK야구팀에서 받은 유니폼 비용 덕분에 보령양복점은 7개월 동안 밀린 건물 임대료를 단박에 해결하게 되었다. 무기력하게 떠나보낼 줄 알았던 보령양복점이 이를 계기로 소생하는 기회를 얻은 것이다. 만약에 내가 고객을 믿지 못하고 연락을 끊었다면 어떻게 되었을까? 지금 생각만 해도 끔찍한 일이다. 하나님의 섭리란 참으로 오묘하다는 것을 새삼 배우는 경험이었다. 허무함과 괴로움이 들면 그보다 더 큰 기쁨을 알게 하고, 조용히 불신을 타이르며, 마음을 비우고 내려놓으면 다시 손을 잡아 채워주는 삶의 진리와 균형이 경이롭고 위대하게 느껴졌다.

그러나 이는 우연도 아니고 계산된 선물도 아니다. 단지 내가 어떤 선택을 하느냐의 문제이며, 그 선택에 대한 결과일 뿐이다. 스스로 괴로움에 취하는 대신 누군가의 기쁨이 되고, 믿음으로 함께한 선택이 나에게 큰 행운을 가져다주었던 것이다. 다시 살아난 보령양복점을 보면서 나는 앞으로도 나누는 삶을 선택하기로 했다. 비단 행운을 얻기 위해서가 아니라 지금껏 받은 것에 대한 감사의 마음에서 우러나온 선택이었다.

이렇게 시작한 나의 양복 봉사활동이 어느덧 18년으로 접어들고 있다. 봉사한 양복의 수만도 어림잡아 3,000여 벌이 훨씬 넘을 듯하다. 어느 해에는 한 마을을 대상으로 원단값만 받고 86명의 단체양복을 지어드린 적도 있었다. 이때 어르신 한분 한분이 감사의 말씀을 해주신 것은 영원히 잊지 못할 추억으로 남아 있다. 때로는 산골에 사시는 분들이 고마움의 표시로 고사리나 두릅, 고비 등의 산나물을 말려 택배로 보내주기도 하고, 어촌에 사시는 분들은 멸치, 쥐치, 오징어 등의 건어물을 보내주셨다. 주문받은 양복을 입고는 너무 잘 맞아 마치 잠옷을 입은 것처럼 편안하다고 너스레를 떠시는 분도 계셨다. 이런 분들의 따뜻한 마음을 받으면 어찌 봉사를 했다고 할 수 있을까 싶다. 도리어 그분들로 인해 내가 영적으로 풍요로워지는 것이다. 그러므로 나 역시 원단의 깃 선처럼 마음을 바로 세워 하루하루 바느질을 해나갈 심산이다.

노력을 외면하는 결과는 없다

"신지식인이요? 제가요?"

듣고도 믿기지 않는 소식이었다. 이전에 혁신적인 일을 행한 사람이거나 명장으로 손꼽히는 사람들이 선정된다는 '신지식인'에 내가 뽑혔다는 연락을 받은 것이다. 그것도 양복 분야에서는 처음 있는 일이었다.

1990년대 후반부터 보령양복점은 우리나라 양복업계에서 최초로 인터넷 사이트를 개설, 이를 통해 신사복 주문을 받기 시작했다. 이것이 주요 매스컴에 소개되어 한차례 커다란 이슈를 불러일으킨 적이 있었다. 조선일보, 국민일보, 경향신문 등 주요 일간지에서 패션업계의 동향과 함께 다루어졌고, 한국방송공사(KBS)의 9시 뉴스에까지 나와 획기적인 아이디어로 각광을 받았다. 그런 영향 때문이었을까, 나는 2001년 정부로부터 '신지식인'에 선정되는 영광을 누리게 되었다. 아무래도 양복점이 갖는 기존의 사고에서 벗어나 새로운 발상으로 작업방식을 개선한 데에 높은 점수를 주신 듯 했다. 여태 상 한번 받아본 적이 없는 내가 50세의 나이에 정부공인 인증서를 받게 될 줄이야 누가 알았겠는가. 모든 일이 꿈만 같게 느껴졌다.

또 한 번은 방송에 출연하는 기회를 얻기도 했다. 신지식인에 선정된 이후 2002년 서울방송(SBS)의 '인생 대역전'이라는 프로그램에서

취재를 요청한 것이다. 하지만 보잘것없는 내가 전 국민이 보는 방송에 나간다는 게 여간 민망스러운 일이 아닐 수 없었다.

'과연 내 인생 여정이 보시는 분들에게 조금의 희망이 될 수 있을까?'

이를 두고 한참 고민하다가 출연을 결심하게 되었다. 물론 내가 대단한 성공을 거둔 사람은 아니지만 남들보다 못한 환경에서 이만큼이라도 성장한 것을 보면 누구라도 일어설 용기가 생기지 않을까 하는 마음에서였다. 나의 테일러 삶이 누군가에게 위안이 된다면 나는 언제든지 이야기를 해줄 요량이었다. 그래서 2003년도에는 기독교방송(CBS)의 '새롭게 하소서'라는 프로에도 출연하여 내 인생의 궤적에 대해 꾸밈없이 진솔하게 털어놓았다.

"선생님의 이야기 잘 보았습니다. 덕분에 저도 열심히 살아야 갈 힘을 얻었어요."

주변의 반응은 실시간으로 다가왔다. 양복점에 전화가 쇄도하며 응원의 메시지를 아낌없이 보내주었고, 희망과 용기를 얻었다는 이들도 적지 않았다. 어떤 이는 양복점으로 직접 찾아와 감사의 인사까지 전하기도 했다. 나는 이들의 따뜻한 시선에 무한한 감동을 받으며 더없이 포근함을 느꼈다. 내 고단했던 지난날의 삶이 이것으로 모두 씻겨 내려간 듯 상쾌해졌다.

그 해는 참으로 축복 같은 나날의 연속이었다. 2000년도는 한 개인의 삶으로 온전히 이해받고 응원을 받았으며, 또한 테일러로서도 인정을 받는 해이기도 했다.

2002년에 나는 '아시아 맞춤양복기술경진대회'에 참여하는 기회를 얻게 된다. 아시아 맞춤양복기술경진대회는 태국, 대만, 말레이시아, 싱가포르, 일본 등 아시아 각국에서 대회참여조건에 부합되는 사람에게 출전기회를 부여하여 경쟁을 벌이는 대회였다. 일종의 기능올림픽으로, 예전에는 기능올림픽에 포함되어 있다가 양복분야만 따로 대회를 갖추게 된 형태였다. 맞춤양복기술경진대회는 한국이 매회 우승자를 배출할 정도로 선두주자를 달리고 있는 분야이다. 우리나라 사람들의 손재주는 그야말로 세계적인 수준이라 할 수 있다. 따라서 대회의 출전권이 주어진다는 것 자체가 이미 기술력을 인정받고 있는 셈이었다. 그런 대회에 나도 참가하여 열띤 경연을 펼치게 된 것이다.

대회는 정해진 디자인을 가지고 제한 된 시간 안에 재단부터 바느질, 가봉까지 끝내고 심사를 받아야 했다. 단지 결과물로만 심사를 하는 것이 아니라 옷을 만드는 과정을 세세하게 관찰하여 만든 이의 자세까지 평가하는 자리였다. 평소라면 무리 없이 해낼 수 있는 작업이지만 막상 대회장의 커다란 시계를 보자 절로 마음이 초조해졌다. 나는 심호흡을 크게 하고 지난 30년 동안 양복 만드는데 모든 열정을 쏟았던 시간을 되새겨보았다. 그리고 선을 하나 그을 때마다 온몸의 신경을 집중시켰다.

'나는 경연을 하는 것도, 양복 한 벌을 짓는 것도 아니다. 이 순간에도 그저 나만의 작품을 만들 뿐이다.'

대회의 수상여부는 일찌감치 신경 쓰지 않았다. 나에게 한 벌의 양복은 점수를 매길 수 없는 온 정성을 기울인 작품이기 때문이었다. 굳이 기술경진대회의 과정을 거치지 않아도 고객으로부터 최고로 인정을 받아온 솜씨이지 않은가. 그것만으로도 나는 그날의 경기에 만족스러웠다.

"아시아 맞춤양복기술경진대회 우수상 박정열!"

내 이름이 호명되자 잠시 어리둥절해졌다. 세계적인 기술자들 사이에서 내가 우수상이라니! 생각지도 못한 뜻밖의 쾌거였다. 메달을 딴 선수들의 마음이 그날의 나와 같지 않았을까. 비록 대상은 아니었지만 공인된 국제대회에서 수상을 한다는 것 자체가 '최고'임을 자부해도 좋다는 허락 같은 것이었다. 즉, 그랜드마스터 테일러로 국제적인 기술력을 인정받은 뜻 깊은 순간이었다.

경사는 다음에도 이어져 2005년에는 한국맞춤양복기술경진대회에서 다시 최우수상을 수상하는 영광을 차지하게 됐다. 그 뒤로도 나는 매회 출전하는 대회마다 수상을 놓치지 않고 재단사로서의 입지를 굳건히 다져나갔다. 한번은 누군가 내게 이런 질문을 해온 적이 있었다.

"테일러로서 이미 인정을 받았는데 대회는 왜 나오시나요?"

나는 멋쩍게 웃으며 대답했다.

"양복 만드는 일에 긴장감을 놓치지 않으려고요. 기술이라는 게 끝이 없는 예술작품이지 않습니까."

사실 내게서 대회는 양복기술에 대해 연구하고 노력하는 하나의 방편으로 삼은 일이었다. 대회를 통해 양복 만드는 일에 대한 초심을 되찾고 타성에 젖지 않으려 참여한 것인데, 다행히 좋은 결실까지 맺어 감사할 따름이었다.

이러한 수상이 인연이 되어 오늘날 나는 한국양복협회의 임원으로 중책을 담당하고 있다. 2005년 제19대 서울 종로지부 지부장을 시작으로 제20대~22대까지 (사)한국맞춤양복협회 이사를 맡고, 제23대 상임이사를 걸쳐 현재는 부회장직을 수행하고 있다. 여전히 부족한 것이 많은 나인데 너무 과분한 자리를 내어준 것이 아닌가 걱정스러울 때도 많다. 하지만 이것도 봉사의 자리라고 생각하며 기꺼이 의무에 충실하고 있다.

어느새 테일러로서의 경력도 50년이란 세월이 흘렀다. 처음 1967년 전주에서 양복점 허드렛일을 하며 키워온 꿈은 현재 내게 '양복명인'이라는 이름표를 하나 더했다. 재단사 그리고 테일러로 확고히 공인을 인증 받은 후부터 보령양복점과 나는 모든 것이 달라져 버렸다. 보령양복점은 말끔하게 새 옷을 차려입고 멋진 이름을 얻었으며, 나는 더 이상 혼자가 아니었다.

PART

5

장인의 손길에 현대적 감각을 더하다

PART 5
장인의 손길에
현대적 감각을 더하다

보령양복점, 비앤테일러로 탈바꿈하다

　내가 테일러로 꿈을 꾸던 시대는 흘러갔다. 이제는 후배들을 위한 견인차 역할로 뒤로 물러섬을 알아야 할 때였다.
　"언젠가는 아버지처럼 양복을 멋지게 소화하고 싶어요!"
　어느 날부터 큰아들 창우는 나와 같은 꿈을 꾸기 시작했다. 아마도 어려서부터 테일러인 아버지를 보고자란 터라 자연스럽게 양복에 관심이 갔던 모양이었다. 그도 그럴 것이 양복점 일이 바쁠 때면 학창 시절부터 틈틈이 나를 도와 제 몫을 다하던 녀석이 아닌가. 이미 그

아이의 꿈은 그때부터 정해졌는지 모를 일이었다. 그래서 나는 '큰 아이가 테일러를 하려는가 보다'라고 막연하게 생각했었다. 하지만 그는 내 예상과는 전혀 새로운 방식으로 양복점 사업을 돕기 시작했다.

  고등학교를 마친 창우는 자기가 원하던 대학의 경영학과로 입학을 했다. 그럼에도 그는 학교를 다니며 수시로 양복점 일을 도와주었다. 그러다 어느 시기가 되니 학업과 양복점 일을 병행하기 어렵다고 판단한 모양이었는지 학교보다는 양복점 일에 전념을 다했었다. 아무래도 양복 일에 더 큰 즐거움을 느꼈던 까닭이지 않나 싶다. 그렇게 그는 자연스럽게 양복점에서 가장 바쁜 직원 중의 한 명이 되었다. 대학에서 경영학을 배운 것을 살려 양복점의 모든 실질적인 살림을 도맡아 하기 때문이다. 홈페이지를 다채롭게 꾸미고 일반인들이 알기 어려운 다양한 슈트 정보들을 인터넷에 제공하는 블로그를 운영하면서 고객들과 좀 더 친밀하게 다가가는 가교역할을 톡톡히 해낸 것이다. 또한 의상 디자인, 드라마의 의상 협찬 등의 영업 마케팅 부분도 담당하여 그동안 개인 양복점이 취약했던 외부적 광고 노출을 강화해주었다. 그 덕분에 우리 양복점은 탄탄하게 내실을 다져가게 되었고, 기존의 양복점이 가진 클래식한 분위기에 현대적인 감각이 더해졌다는 평들이 나오기 시작했다.

  특히 아들의 합류로 이루어진 가장 큰 변화는 상호의 변경이었다.

우리 시대에는 가게 이름을 대수롭지 않게 여겨 투박하고 단순하게 짓는 것이 일반적이었다. 실력만 좋으면 됐지 상호는 그리 중요한 것이 아니라 여겼기 때문이다. 하지만 요즘은 많이 달라져 이름이 곧 얼굴이 되는 시대가 되었다. 트렌드한 감각에 민감한 젊은이들은 상호가 어떠냐에 따라 그 가게의 첫인상을 결정해버리는 것이다. 그들에게 있어 보령양복점이란 이름은 다소 촌스럽고 구식인 느낌이 없잖아 있었다. 이는 아들과 함께 젊은 감각으로 새 옷을 입으려는 양복점의 이미지를 깎는 중요한 결점이었다. 그러므로 무엇보다 새로운 상호가 절실히 필요했다.

그러나 지금의 상호와 너무 동떨어진 이름을 지어서도 안 되었다. 보령양복점의 전통성을 잇되 트렌드에 맞춘 전문성을 띄는 명칭이어야 했다. 큰아들은 그 문제로 얼마간 골머리를 앓고 있었다. 그리고 마침내 의기양양하게 이름을 지어 보였다.

"비앤테일러! 영문으로 B&TAILOR로 바꾸는 건 어때요?"

알파벳 'B'는 보령양복점의 영문 머리글자를 따고, '앤(&)'은 그리고를 의미해서 '양복점'이라는 영문자 Tailor를 합쳐 만든 합성어 이름이었다. 왠지 처음 들었을 때부터 귀에 착 감기는 것이 꽤나 만족스러웠다. 비앤테일러, 현대적이면서 가볍지 않은 장인의 품격이 느껴지는 이름이었다. 아들의 고심의 흔적이 역력히 엿보였다.

이로써 보령양복점은 2006년 '비앤테일러'로 상호를 바꾸고 새롭게 출발하게 되었다. 상호에 더불어 그에 걸맞는 매장 분위기로 인테리어도 바꾸어나갔다. 고급스러운 유러피언 스타일로 꾸미는 데에도 아들의 안목이 크게 작용했다. 이제 양복점은 나의 시대를 지나 아들의 시대로 접어든 것이다. 보령양복점은 23년 만에 막을 내렸다. 이제 비앤테일러로 재도약할 일만 남겨두고 있었다.

 문득 나는 아들이 양복점 일을 해준다는 사실에 무한한 감사를 느꼈다. 만약 양복점을 혼자 하고 있었다면 시대에 따라가지 못하는 양복점이 되었을 것이다. 우물 안 개구리처럼 말이다. 다행히 아들이 나의 부족한 부분을 채워주어 남들보다 앞선 감각을 선보이게 되었다. 실제로 우리가 이름을 바꾸자 다른 곳에서도 '테일러'란 명칭이 들어간 양복점의 이름이 눈에 띄게 생겨났다. 지금은 대부분의 양복점이 테일러일만큼 보편적인 상호가 되었지만 그 시작점에는 비앤테일러가 있지 않았을까 조심스레 추측해본다.

 아들은 확실히 젊은 만큼 디자인을 선별하는 눈이나 패션에 대한 감각도 남달랐다. 물론 옷을 완벽히 만들기엔 부족함이 있지만 그가 보여주는 세련된 감각은 우리 양복점의 미래를 밝혀주기에 충분했다. 나는 때로는 그런 아들을 경쟁 삼아 시대에 뒤처지지 않으려 끊임없이 공부했다. 2006년에는 유럽을 방문해 선진 패션의 흐름을 파악하고, 유명 브랜드 제품의 특징들을 꼼꼼히 살펴보며 조심스레 해외 진출 가능성을 점쳐보기도 했다. 그러면서 부족한 점을 반성하고 보완하기 위한 해답을 얻는 데 집중했다.

한번은 이탈리아 피렌체에서 열리는 '완제품 박람회'를 구경할 기회가 생겼었다. 그곳에서 나는 슈트만이 아니라 그에 어울리는 셔츠, 구두, 액세서리 등이 전시된 것을 보면서 우리도 종합적인 코디네이션이 필요하다는 사실을 깨닫게 되었다. 또한 명품의 도시 밀라노에서는 말끔한 슈트 차림의 젊은이들이 거리를 활보하는 것을 보면서 격식을 갖춘 정장으로서가 아니라 일상의 활동복으로 변모해가는 슈트를 실감할 수 있었다. 그것은 나에게 신선한 충격이자 자극제가 되었다.

서울에서는 느낄 수 없었던 패션의 온도 차가 피부로 고스란히 전해졌다. 나는 좀 더 다양한 경험을 얻기 위해 신사의 나라인 영국 런던으로 이동했다. 런던은 최고급 수제 양복점들이 많기로 유명한 세빌로우 거리가 있다. 영국인들 사이에서는 정장을 제대로 입으려 한다면 세빌로우로 가란 말이 있을 정도로 그곳은 수많은 양복 장인들이 숨 쉬는 거리였다. 나에게는 일종의 디즈니랜드와도 같은 꿈의 공장인 셈이었다.

이곳을 돌아다니며 나는 무척 강렬한 인상을 받았다. 100여 년의 역사와 전통을 지닌 신사복 거리인데 전혀 올드하지도 고루해보이지도 않았다. 오히려 그곳에서 새로운 유행이 탄생하고, 탄생된 스타일은 곧 고전으로 만들어져 그 가치를 더해갔다. 과연 최고의 수제 맞춤양복 거리라 할 수 있었다.

'수세기가 지났음에도 여전히 명품을 이어가는 그들의 생명력은 어디서 나오는 것일까?'

감탄과 함께 의문이 들기 시작했다. 궁금증을 참지 못하고 발품을 팔며 나름대로 그 이유를 찾는데 골몰했다. 그리하여 30여 곳이나 되는 테일러샵들을 돌아보면서 한 가지 흥미로운 사실을 발견하게 되었다. 유난히 손님으로 북적거리는 매장에는 젊은 직원들이 근무를 하고 있다는 점이었다. 또한 찾아오는 손님도 20, 30대의 젊은 층이 압도적으로 많았다는 사실이다. 이는 무엇을 의미하는 것일까? 나는 곰곰이 생각에 잠겼다. 그리고 다음과 같은 결론을 내렸다.

세빌로우의 고전미와 현대미가 함께 어우러진 것은 수많은 디자이너와 테일러들의 노력의 결실이 분명했다. 그중에서도 시대를 앞장서 선도해가는 것은 역시 '새로운 감각을 지닌 젊은이들'이 있었기에 가능했던 일이었다. 오랜 장인의 숙련된 솜씨에 젊은 감각이 더해져 100년의 신사복 거리는 여전히 젊고 활기찬 것이었다.

이를 보며 나는 앞으로 패션의 주인 역시 젊은이임을 새삼 확인할 수 있었다. 그런 면에서 내 자신이 얼마나 행운아인가도 함께 느끼게 되었다. 젊은 아들이 내 뒤를 이어 양복점을 이끈다는 것은 그만큼 생명력을 얻었다는 의미이지 않은가! 더욱이 둘째 아들도 가업을 잇겠다는 뜻을 밝히며 의상공부에 한창 매진하고 있던 시기였다. 이렇게 든든한 두 아들이 조력자로 있다는 사실에 커다란 안도감이 들었다. 그리고 그들이 이끌어갈 차세대 양복점의 변화에 사뭇 기대감이 높아졌다.

대를 이어가는 명가의 정통성

둘째 아들 창진이는 2007년 이탈리아의 밀라노 소재에 위치한 패션 스쿨에 입학했다. 원래는 국내에서 경제학과를 공부하다 영문학과로 전과하고 내린 결론이었다. 패션 공부를 위해 유학을 떠나게 된 까닭은 사실 내가 제안한 일이기도 했다. 창진이를 보면 마치 어릴 적 내 모습을 보는 것처럼 닮은 구석이 많았다. 손끝이 야무져 손으로 하는 것은 무엇이든 잘했고 옷에도 상당한 관심을 보였다. 한번은 내가 제 몸에 맞춰 교복을 줄여줬더니 다음날에는 친구를 여럿 데려와 맞춤옷에 대해 일장연설을 하고는 내게 교복리폼을 부탁하기도 했다. 또 한 번은 이런 말을 한 적도 있었다.

"아무래도 제가 옷을 만들어 입어야겠어요. 시중에서 파는 옷을 봤는데 마음에 드는 것을 찾을 수가 없어요."

가끔 나는 아이들에게 정장을 맞춰주기도 했는데 그것만 입다가 기성복을 사려니 여간 실망한 것이 아니라는 것이었다. 역시 옷은 원하는 스타일로 제 몸에 맞게 입어야 진정한 패션이라는 아들 녀석의 말을 내내 기억하고 있던 터였다. 나는 둘째 아들의 이런 모습을 눈여겨보고 의상디자이너를 제안하게 되었다. 물론 아들 녀석도 흔쾌히 유학길에 올랐다. 녀석은 나의 제안이 있기 전에 먼저 패션 공부에 대한 관심을 내비쳤고 나의 반응을 살펴본 것뿐이었다. 솔직히 따져보자면 녀석이 아닌 내가 미끼를 문 셈이었다.

둘째 아들이 입학한 패션스쿨은 마랑고니(Istituto Marangoni)라는 곳으로 세계적인 패션스쿨 중의 하나였다. 그곳에서 그는 3년간 패션 디자인 과정을 공부하고, 다시 세콜리(Istituto Carlo Secoli)로 옮겨 1년간 더 패턴에 대한 수업을 받았다. 세콜리 스쿨은 세계적인 의상디자이너인 까를로 세콜리가 1934년 설립한 명문 학교로, 해마다 감각적이고 창의적인 '세콜리 패션쇼'를 개최하는 것으로도 유명하다. 그곳에서 착실하게 패션공부를 마친 그는 2011년 귀국하여 곧장 비앤테일러에 합류할 예정이었다. 그때는 내 나이도 60세를 지나가는 중요한 길목에 접어든 해였다.

둘째 아들을 유학 보낼 당시에 비앤테일러는 잠시 어려움을 겪을 때였다. 그래서 학비와 생활비를 제때 보내지 못하고 돈이 생기면 겨우겨우 보내곤 했다. 그런데도 창진이는 별다른 투정 없이 묵묵히 패션 공부에 집중해줘 나를 뿌듯하게 만들어주었다. 지금 생각하면 내가 권유한 유학길인데 어렵게 공부시킨 것만 같아 미안한 생각도 든다. 다행히 그가 무사히 공부를 끝내고 돌아올 때쯤에는 비앤테일러도 새 단장을 모두 끝마친 상태였다.

둘째아들의 귀국을 앞두고 큰아들과 나는 양복점의 매장을 좀 더 넓히기로 마음먹었다. 현재 20여 평인 매장은 실질적으로 사용할 수 있는 면적이 15평밖에 되지 않아 삼부자가 작업을 하기에는 매우 협소한 감이 있었다. 게다가 2대로 세대교체를 하는 과정에 좀 더 확실한 변화의 바람을 불러일으키고 싶어 아들의 의견에 전폭적인 지지를 보내기로 결심했다. 내가 여행을 통해 보고 배운 것을 실현하려면 그들의 의견을 수용하는 자세가 무엇보다 중요했기 때문이다.

양복점에 쇼룸도 마련하고, 매장과 작업장의 여유 공간을 두려면 적어도 지금의 2배는 될 정도의 넓은 공간이 필요했다. 종로에서 그만한 자리를 얻는 것은 그리 쉬운 일이 아니었다. 나는 마땅한 장소가 나오기를 매일 기도드리며 다시 한번 종로 일대를 샅샅이 살펴보았다. 그리고 얼마 뒤 마치 때를 기다려왔다는 듯 종로 4가에 꽤 근사한 자리가 나와 우리는 당장 계약을 진행하고 서둘러 입주를 시작했다. 비앤테일러로 상호를 바꾸고 자리 잡은 첫 번째 터전이었다.

그곳은 종로 4가 10번지에 위치한 5층짜리 건물로, 우리는 1, 2층을 쇼룸과 재단실로 사용하고 5층은 아뜰리에로 꾸미기 위해 임대하기로 결정했다. 1층과 2층은 각각 25평의 넓은 공간으로 총 50평을 사용할 수 있었다. 하지만 문제는 그다음부터였다. 매장은 순조롭게 찾앉는데 인테리어와 가구 및 집기 등을 마련할 자금이 턱없이 부족한 실정이었다.

'괜히 무리해서 옮긴 것은 아닐까? 새로운 날개를 펼치기는커녕 오히려 시작부터 접히는 것은 아닌지….'

스멀스멀 후회가 밀려오기 시작했다. 그러나 돌이키기에는 너무 멀리 와 버렸다. 나는 다시 한번 심기일전하고 여러 방면으로 답을 구하고 있었다. 그런데 때마침 기적적인 일이 벌어졌다. 예전에 사놓은 320평의 농지가 국제도시 지구로 편입이 되었다는 소식이 들려온 것이다. 그 덕분에 나는 해당 농지를 팔아 보상금을 받고 부족했던 인테리어 비용과 집기 비용 등을 충당하여 더욱 품격 있게 내부를 꾸밀 수 있었다. 당시 나는 '하는 일이 이렇게도 풀릴 수 있구나' 싶어 이를 좋은 출발의 신호로 삼고 매장 정비에 박차를 가했다. 그리하여 2010년 12월 5일, 양복점의 이전행사를 무사히 마치고 산뜻한 출발을 하게 되었다.

둘째 아들의 합류는 2011년 7월경 입국과 동시에 이루어졌다. 4년간의 유학생활로 터득한 지식과 감각으로 그는 의상 패턴과 피팅, 아틀리에, 해외사업부문 등의 일을 맡아 관리하고 있다. 이로써 우리는 본격적인 삼부자 체재로 전환하여 마케팅 부분의 큰아들, 패션 관련 부분에는 둘째 아들이 맡고 내가 뒤에서 서포터 하는 형태의 경영시스템을 정착시켰다. 그리하여 더욱 체계적이고 내실 있는 사업이 이루어졌다. 이는 분명히 우리 양복점이 세계적인 테일러샵으로 거듭나는데 중요한 원동력이 되어줄 것이라는 확신이 들었다.

 최고의 양복을 만들기 위해서는 좋은 원단과 날렵한 패턴, 깔끔한 바느질 등의 삼위일체가 이루어져야 명품이라 불릴 수 있는 옷이 탄생된다. 한 가지 솜씨만 훌륭하다고 해서 몸에 잘 맞고 편안한 옷이 만들어지는 것이 아니다. 또한 각각의 과정에 공을 들이지 않고 만들어지는 옷을 맞춤이라 이야기할 수도 없다. 모두가 각자의 분야에서 혹은 각 과정에서 최고의 솜씨를 갖고 최선의 노력을 기울여야 비로소 완벽한 정장이 만들어지는 법이다.

 지금의 비앤테일러 역시 완벽하게 조화를 이루는 과정에 있다고 나는 믿고 있다. 두 아들과 내가 각자 부족한 점을 보완하여 자연스럽게 삼위일체 되어가고 있는 것이다. 이러한 조합이 커다란 시너지를 창출하여 현재 우리가 몸담은 양복점의 무게감이 점점 실리고 있음을 실감하는 중이다.

끊임없는 연구로 혁신을 이룩하다

 요즈음 우리나라도 고급 테일러 샵을 중심으로 해외에서 패션을 전공한 젊은 디자이너들을 영입하여 빠르게 세대교체가 이루어지고 있는 실정이다. 반대로 유명 디자이너들이 해외로 진출하는 경우도 많아졌다. 양복점의 분위기도 예전과 확연히 달라져 세련된 매장들을 쉽게 찾아볼 수 있게 되어 양복점에 대한 새로운 인식을 심어주고 있다. 이러한 국내 테일러 샵의 변화에 선봉장이 된 것이 지금 나의 샵이라 말하고 싶다. 당시 비앤테일러의 행보는 단연 독보적이었다. 가봉된 옷들이 치렁치렁 늘어진 양복점의 어수선함을 없애고 유럽의 고풍스러운 샵 느낌이 나도록 정리했다. 그래서 그동안 비앤테일러를 방문했던 고객들은 마치 여행 중 예쁜 카페에 들른 느낌이라며 칭찬을 아끼지 않았다. 이러한 젊고 우아한 양복점의 분위기 덕분에 고객층들도 눈에 띄게 달라지기 시작했다.

　예전에는 나이든 어르신들이 주로 찾았다면 최근에는 20~30대의 젊은 고객들의 방문이 잦아졌다. 세미 수트나 슬림한 슈트가 젊은 층들 사이에 유행을 하면서 맞춤양복에 대한 매력들을 차츰 발견하게 된 까닭이기도 했다. 사실 좋은 원단을 써서 자기 몸에 딱 맞아 몸을 타고 흐르는 맞춤양복을 경험해본다면 기성양복 같은 것은 거들떠보지 않는 것이 당연지사였다. 이처럼 패션의 흐름에 따라 고객의 연령이 다양해지면서 스타일도 점차 선택의 폭을 넓혀갔다.

　"허리 쪽의 라인을 조금 살리죠."

　"활동하는 쪽의 체형을 고려한다면 조금 더 여유가 있는 편이 낫지 않을까?"

우리 부자간에는 옷의 디자인을 가지고 종종 의견충돌이 발생하기도 했다. 일반적으로 양복은 라펠(접은 옷깃)이나 포켓, 버튼, 라인 등 디테일한 부분을 어떻게 그리고 만드느냐에 따라 전체적인 디자인이 달라지기 때문이었다. 그래서 작업하는 과정에서 신ㆍ구의 의견대립이 자주 이어졌다.

"포켓을 하나 더 달면 어떨까?"

"그러면 다소 산만해질 것 같아요. 이 원단에는 깔끔하게 완성하는 것이 좋을 듯싶습니다."

우리는 최대한 고객의 취향을 살리면서도 양복 자체가 가진 힘과 균형이 무너지지 않는 적정선을 찾아 디자인을 제시하려고 노력했다. 유명 패션디자이너 엠마니엘 웅가로의 말처럼 '디자이너는 선의 비례를 찾는 건축가'이지 않은가. 우리는 재단할 때의 선 하나에도 각자의 의견을 개시하며 최고의 만족감을 주는 슈트를 선보이려 끊임없이 연구했다. 사실 이 과정에서 나는 대체적으로 아들들의 의견을 많이 따라주는 편이다. 아무리 내가 지속적으로 패션 공부를 해오고 있다고는 하나 젊은 감각을 이길 수는 없는 노릇 아닌가. 나름 베테랑 선배로서 설전은 하지만 이러면서 나도 하나 더 배우고 채워가는 중이다.

우리 양복점의 슈트가 세련되고 스타일리시(stylish) 하다는 평을 받으면서 젊은 고객들은 그에 걸맞은 다방면의 소비를 하길 원했다. 이에 우리는 또다시 새로운 도전을 감행했다. 그것은 내가 이탈리아의 완제품 박람회에서 동경해왔던 종합적인 코디네이션을 갖추는 일이었다. 양복점이라 하여 비단 맞춤양복만 취급하는 것이 아니라 넥타이, 와이셔츠, 구두, 액세서리 등 다양한 물품들을 구비해놓고 전반적인 스타일을 갖출 수 있도록 매장을 구상한 것이다. 그 결과 젊은이들 사이에서 호응도가 높아져 우리를 찾는 발걸음이 늘어났다.

"여기는 다 좋은데 주차장이 없어서 불편하네요."

당시 우리가 듣던 유일한 불만은 주차장 문제뿐이었다. 예전의 종로 사옥은 따로 주차장이 없어 매장을 찾아오는 고객들이 주변에 차를 대거나 유료 주차장을 이용해야만 했다. 그러다 보니 차량관리에 어려움이 많아 잦은 불평을 들어야 했다. 나는 또 이 문제를 고민하지 않을 수 없었다. 작은 불만도 오래 이어지면 불평이 커지고 인식이 바뀌기 마련이다. 처음에는 옷을 기대하며 찾아오지만 편의시설이 불편하면 발길이 끊어질 수도 있는 노릇이었다. 이 때문에 내가 한 결심은 주차 문제도 해결할 수 있는 곳으로 매장을 이전하는 것이다.

우리가 새로 입주하기로 한 장소는 한남동 하얏트 호텔 앞의 고즈넉한 사옥이었다. 내가 새로 사무실을 보러 다닐 때 마침, 하얏트 호텔에서 양복협회 패션쇼가 있어 참석하던 날이었다. 가볍게 주변을 둘러보며 산책을 하던 나는 그곳이 주는 편안함과 안락함에 한순간

매료되어 버렸다. 그래서 곧장 부동산을 찾아가 부근에 자리가 나면 연락 달라고 부탁한 것이다. 이를 계기로 인연이 되어 2014년 7월 29일 비앤테일러는 종로에서 지금의 한남동으로 본점(용산구 회나무로 44길 24(이태원동 6-13))을 확정, 이전하기에 이르렀다.

한남동 사옥은 주택가에 자리하고 있어 고즈넉한 멋스러움이 묘하게 클래식 정장과 잘 어울렸다. 단독 4층 건물로 이루어진 이곳은 1층 연면적이 95평으로 넓어 작업실로 쓰이고, 2층은 주문실, 3층은 재단실과 피팅실로 각각 나누어 사용하고 있다. 나머지 4층은 손님 접대와 직원 휴게실로 사용하고 있는데 개인의 프라이버시를 유지할 수 있어 직원들 모두 만족하는 공간이기도 하다. 더욱이 이곳에는 앞마당에 다섯 대 정도의 차량을 댈 수 있는 공간도 확보되어 있고 주위 도로도 비교적 한적한 편이라 주차 걱정은 덜게 되었다.

양복점을 한남동 사옥으로 옮기면서 누구보다 만족한 사람은 나였다. 물론 다시 인테리어를 해야 하는 부담감으로 재정적 압박을 겪기도 하고, 그간 무리한 업무 스트레스로 건강상 적신호가 켜져 한 차례 쓰러지기도 했다. 하지만 다행히도 위급한 순간은 넘겨 다시금 양복점의 새 출발을 지켜볼 수 있게 되었다.

현재 이곳에서 일하고 있는 직원의 수는 매장에 6명이 고정 배치되어 있고, 아틀리에 12명의 인원은 각각 작업실에서 바느질 작업을 해 나가고 있다. 세계 각지에서 들어오는 주문에 따라 일사분란하게 움직이는 젊은 직원들을 보면서 나는 세빌로우의 테일러 샵들이 전혀 부럽지 않았다. 우리도 그들처럼 충분히 명품을 만들어 갈 수 있는 기술력과 인재를 갖추고 있지 않은가! 그간 세계 유명 테일러 샵들의 대열에 끼는 것이 꿈같은 일이라 여겼는데 이제는 현실로 이루어질 수 있다는 확신이 들었다.

그래서 나는 그동안 꿈꿔왔던 해외 진출을 위해서 다각도로 모색하고 두 아들의 도움을 받아 본격적인 세계시장 도전에 나서기로 했다. 실제로 그러한 움직임은 2013년도부터 시작되었다.

세계적인 명품 테일러 샵을 향한 도전

우리의 해외 진출은 우연한 기회 단골 고객으로부터 이루어졌다. 그는 호주에 사시는 분으로 2년 동안 꾸준히 우리에게 양복을 맞추며 관계를 이어가던 사이였다. 그런 그가 하루는 뜻밖의 말을 조심스럽게 꺼내놓는 것이었다.

"제가 대표님과 같이 사업을 하고 싶습니다. 해외에 비앤테일러 양복의 우수성을 알리고 싶은 것이 저의 진심입니다."

그야말로 단순히 고객이었던 사람이 어느 날 갑자기 사업을 하자고 제안해온 것이다. 그것도 국내가 아닌 해외에서 매장을 열어보겠다고 하니 처음에는 난감하기 그지없었다. 단골손님이라고는 하나 그를 자주 만나며 친분을 쌓은 사이도 아니고 개인적으로 아는 바가 있는 것도 아니었다. 그는 인터넷상을 통해 옷을 주문하는 정도로 우리 사이에서 양복을 빼면 완전히 남남인 관계였다. 다만 그가 인상적이었던 부분은 내가 채촌을 하거나 가봉하는 것을 보면 유독 눈빛이 남다르다는 점이었다. 마치 손동작 하나라도 놓치지 않으려는 사람처럼 내 일거수일투족을 뚫어지게 쳐다봤고 질문도 많아 '저분이 왜 저럴까?' 의구심을 가진 적도 있었다.

그런 그의 제안에 선뜻 마음이 동할 리 없었다. 그래서 처음 사업제안이 왔을 때는 완곡히 거절의사를 밝혔다. 하지만 그는 전혀 물러설 기미를 보이지 않았다. 그 뒤로도 자주 연락을 취하며 나를 설득하기에 바빴다.

"저는 대표님이 옷 만드는 과정도 세세히 관찰했습니다. 그리고 제가 내린 결론은 세계에도 통할만한 최고의 품질이라는 사실입니다. 이곳처럼 좋은 한국 제품을 세계에 많이 알리고 싶습니다."

평소 그는 비앤테일러 인스타그램이나 블로그를 자주 보면서 우리 옷에 많은 관심이 갔다는 이야기를 해주었다. 본인도 직접 디자인하여 입을 정도로 옷을 좋아하며, 이탈리아나 영국 등의 나라를 다니며 정장을 맞춰 입고 비교도 한다는 것이었다. 그러다 우리의 맞춤정장을 입으면서 다른 곳과 견주어도 손색이 없을 정도로 훌륭함을 느꼈고, 눈으로 직접 채촌하는 모습과 가봉하는 것을 보면서 강한 확신이 들었다는 것이다.

'같이 일하면 성공할 수 있겠다!'

그는 진솔하고 겸손하게 자신의 생각을 풀어냈고 때론 강력하게 주장하기도 했다. 그의 진지한 태도에서 나는 그 말의 진심을 충분히 느낄 수 있었다. 하지만 준비되지 않은 상태에서 해외 사업을 벌이는 것이 바람직한가에 대한 고민이 내 발목을 잡고 있었다. 말이 통하는 국내도 여러 우여곡절을 겪기 마련인데 해외 진출은 더 알길 없어 여간 조심스러운 것이 아닐 수 없었다. 역시 이런 부분에서도 나보다 아는 것이 많은 두 아들의 판단에 맡기는 편이 오히려 현명한 선택 같았다.

우리는 오랜 시간 해외 사업에 대해 열띤 논의를 펼쳤다. 그를 직접 만나 사업 이야기를 듣고 그 가능성을 타진해보기도 했다. 그의 말에 따르면 홍콩에서 맞춤 서비스를 실시하자는 것이었다. 또한 트렁크 쇼*를 열어 우리 제품을 홍보하고 한시적으로 주문을 성사시키자는 계획이었다. 국내에서는 그 누구도 진행해본 적이 없는 획기적인 마케팅 방법이었다.

---

* 의상이나 보석 등 신제품 출시되었을 때 소수의 상위 소비자를 위해 개최하는 소규모 패션쇼. 판매자들이 제품을 트렁크에 넣어 가져오곤 해서 트렁크 쇼라고 부른다.

그의 이야기를 들어보니 우리로서는 전혀 손해 볼 것이 없는 사업이었다. 비록 사업이 성공하지 못하더라도 해외의 소비자와 소통하고 실시간 패션 동향을 파악할 수 있어 내부적인 발전에도 꽤 도움이 되는 일이었다. 이는 경험만으로도 충분히 도전해볼 만한 가치가 있어 보였다.

"다른 테일러 샵도 훗날 이런 시스템으로 정착할 거예요."

큰아들이 제일 먼저 호의적인 반응을 보였다. 둘째 역시 좋은 기회임을 분명히 했다. 나 또한 지금이 세계시장에 비앤테일러의 존재를 알리는 계기라 여겨져 결국 그의 제안을 승낙하게 되었다. 이로써 우리는 2013년 첫 해외 동업자를 맞이하게 된다.

우리의 동업자는 홍콩에 사업을 신설하고 2014년 본격적인 마케팅에 들어갔다. 우리는 국내 테일러 샵에서 흔치않게 첫 해외 트렁크쇼를 기획하여 이름을 알리기 위해 노력했다. 하지만 막상 이벤트를 시작하려 하니 덜컥 겁이 난 것도 사실이었다.

'홍콩에서 과연 우리가 승산이 있을까?'

그 가능성을 고민하지 않을 수가 없었다. 이미 홍콩은 유명한 테일러 샵들이 많아 확고한 자신들만의 스타일을 구축하고 있었다. 그곳을 비집고 들어가 정착하는 일이 결코 쉽게만 느껴지지 않아 점점 자신감을 상실해가던 찰나였다. 이런 나의 연약한 모습을 발견했는지 동업자는 한껏 다정한 말로 나의 기운을 북돋아주었다.

"우리는 쇼를 망치도록 가만히 있지 않을 거예요. 분명 성공의 답을 찾을 것입니다."

그의 말은 내 마음에 잔잔한 파동을 일으켰다.

'그래! 항상 새로운 양복을 만들고자 노력하고 연구해왔는데 여기라고 뭐가 다르겠어? 우리가 이제껏 해왔던 방법대로 일해 보자.'

이후 나는 두 아들과 함께 홍콩의 스타일을 알아보기 위한 시장조사에 나섰다. 유명 테일러 샵을 살피고 거리에서 양복 입은 사람들을 면밀히 관찰해 보았다. 그러다 재미난 사실을 하나 발견할 수 있었다. 홍콩이 옷을 잘 만들기는 하나 예스럽고 올드한 디자인을 지나치게 고집한다는 점이었다. 그 때문에 젊은 사람들의 양복차림도 마치 어르신의 옷을 물려 입은 것 마냥 어색해 보이는 것이었다. 그들의 옷에서는 젊은이의 생기라고는 전혀 느껴지지 않았고 핏감이나 스타일리시함은 어디에도 찾아볼 수 없었다. 우리는 바로 이점에 주목하여 트렁크 쇼를 준비했다. 기존의 홍콩 스타일을 완전히 벗어나 우리만의 스타일로 고객을 맞이하기로 한 것이다. 1900년대의 느낌은 그대로 있으면서 지금 시대에 맞게 재해석해 비앤테일러의 디자인으로 만들었다. 또한 재단컷 또한 클래식하면서 오래 입어도 변함없을 컷으로 재해석해 고령의 고객에게는 클래식한 정장으로 품격을 높인 디자인을 구비하여 세대별 변화가 가능한 맞춤양복의 장점을 한껏 살려주었다.

이러한 전략으로 시작된 홍콩 트렁크 쇼는 처음 우려와는 달리 성공적으로 끝이 났다. 그것은 우리에게 꽤나 고무적인 결과를 가져다주었다. 우선 '비앤테일러'라는 이름을 세계시장에 알리는 계기가 되었고, 독창적이고 세련된 의상 디자인을 선보이며 양복 기술력을 인정받았다. 더불어 매출에도 좋은 성과를 얻어 전반적으로 훌륭한 성적을 거둔 해외 진출이라 할 수 있었다.

우리는 이번 성과를 기점으로 용기를 얻어 더 다양한 해외시장 진출에 박차를 가했다. 동업자를 필두로 홍콩에 이어 마닐라, 싱가포르, 호주로도 사업영역을 확장해갔고 이후 스웨덴, 파리, 런던, 미국, 일본에서도 파트너와 긴밀하게 협력하여 주기적으로 트렁크 쇼를 개최하고 있다.

처음과 달리 내가 이토록 적극적으로 해외 활동을 하는 데에는 높은 매출을 염두에 두어서가 아니다. 단지 한국의 양복 문화와 기술력을 세계시장에 보여주고 우리 옷의 경쟁력을 키우고 싶은 목적에서였다. 다행히 그 목적은 내가 의도한 바대로 나타나기 시작했다.

근래에 양복 명가인 이탈리아에서 특별한 이벤트를 한 적이 있었다. 전 세계를 대상으로 기술력을 인정받는 몇몇 양복점을 선정해 초청 심포지엄을 진행한 것인데, 거기에 우리도 초대받아 이벤트를 벌인 것이다. 게다가 옷에 까다롭기로 소문난 이탈리아 사람들에게 좋은 평가를 받기도 했다. 이 같은 경험으로 나는 우리 옷의 경쟁력을 확인했고, 한국 테일러 샵도 얼마든지 이탈리아나 영국 같은 곳에 진출해도 성공 가능성이 있다는 확신이 들었다. 우리는 일본의 섬세한 바느질 솜씨와 이탈리아의 뛰어난 패턴(디자인)을 모두 소화할 수 있다는 점에서 앞으로 세계적인 브랜드도 나올 수 있다고 본다.

이러한 확신을 현실로 보여주기 위해 나는 한국의 테일러 샵을 알린다는 마음가짐으로 해외 마케팅에 꾸준한 투자와 노력을 기울이고 있다. 그 일환으로 최근에는 일본에 백화점 입점을 준비 중에 있기도 하다. 앞으로도 동남아, 중동, 호주, 유럽시장 등 해외 진출을 위해서 다각도로 연구하고, 한국 테일러 샵이 좀 더 쉽게 해외 진출을 할 수 있는 길을 모색해나갈 계획이다. 양복하면 이탈리아나 영국을 떠올리기보다 한국이 먼저 생각나는 그날까지 좋은 양복을 만들고 지속적으로 알릴 예정이다.

옷의 문화를 바꾸어가는 비앤테일러

솜씨 좋은 맞춤양복점은 세월이 흘러도 변함없이 찾아주는 고객들이 많다. 가끔 나는 오랜 단골손님들을 마주하다 보면 그들에게도 여지없이 흘러간 시간의 흔적을 엿볼 수 있다. 파릇한 청년이 중년으로 접어들고 이제는 장성한 아들을 데려와서 양복을 맞춰주는 모습을 심심찮게 보게 되는 것이다. 이는 우리처럼 그들 역시 대를 이어 맞춤양복의 품격을 아들에게 입혀주고 싶은 까닭에서다. 한번 맞춤양복을 경험한 사람이라면 그것이 주는 매력에 결코 헤어 나올 수 없다. 맞춤양복은 몇 가지 패턴으로 만들어지는 기성복과 달리 고객의 체형을 중시하여 완성된, 단 한 사람을 위한 작품이기 때문이다.

세상 모든 사람들은 각각 자신만의 체형을 가지고 있다. 그 어느 누구도 똑같은 체형이 없다. 그런 체형들의 단점을 보완하고 장점을 살리기 위해 디자인을 고민하게 되는 것이다.

그렇기 때문에 맞춤양복은 예약과 상담을 거쳐 스타일을 결정하고 사이즈를 재 가봉을 한 뒤 오랜 시간 기다려야 한다. 100%를 수작업으로 하다 보니 양복 한 벌이 완성되는데 보통 7주에서 2달의 기간이 소요된다. 게다가 가격도 만만치 않다는 단점이 있다. 그러나 개개인의 특징을 고려한 편안함과 각자의 개성을 살릴 수 있다는 점에서 무엇보다 장점이 크다.

반면에 기성 양복은 돈만 있으면 언제 어디서나 손쉽게 구할 수 있다. 대량생산으로 보다 저렴한 가격에 구입이 가능하지만 그만큼 표준화된 디자인과 치수 등이 획일화되어 몰개성적인 것도 사실이다. 또한 세세한 부분에 대한 손질이 미흡하다는 단점이 있다. 한번은 인터넷상에 유머로 떠도는 사진 중에 모두 똑같은 옷을 입고 지나가는 사람들의 모습을 본 적이 있었다. 핏은 제각각이지만 디자인이 한정

된 스타일은 그들을 마치 복제인간처럼 보이기에 충분했다. 이쯤 되면 사람이 패션을 입는다기보다 패션이 사람을 입는다는 표현이 더 정확할 것 같다. 그래서 나는 기성복을 결코 '입는다'라고 표현하지 않는다. 기성복은 그저 몸에 '걸치는 것'일뿐, 맞춤양복이야말로 몸이 '입는 것'이다.

대체로 맞춤복은 각자의 신체 사이즈를 잰 채촌표에 따라 옷을 만들기 때문에 몸에 꼭 맞는 것은 물론 자기만이 좋아하는 색상이나 재질의 소재를 선택하여 만족도를 높일 수 있다. 또한 대량생산이 불가능하다는 점에서 예전에는 단점으로 지적되었지만 지금은 자신만의 컬렉트 아이템으로써 각광을 받고 있다.

더욱이 맞춤복이 귀한 대접을 받는 것은 시간이 지나면 지날수록 클래식한 멋이 더해지고 자주 입어도 수명이 길다는 점 때문이다. 그래서 최근에는 고급 원단을 사용한 명품 맞춤양복을 선호하는 남성들이 많이 늘어났다. 나만의 스타일과 독특한 개성, 거기에 탈유행의 클래식한 우아함이 더해진 양복에 투자하는 것이다. 다시 말해 대중성에서 탈피하여 자신만의 표현을 강조하는 가치소비시대가 도래하고 있다는 사실이다.

예전의 직장인들은 자신의 취향과 몸매를 전혀 고려하지 않고 의례 기성제품을 사 입고는 했었다. 그것이 쉽게 옷을 접근하는 방식이기도 했고, 무엇보다 맞춤양복은 나이 드신 분들이나 만드는 촌스러운 제품으로 인식하고 있는 경우가 높았다. 그도 그럴 것이 오래전부터 양복점이 가지고 있는 어수선한 분위기와 몇몇 고정적인 디자인을 고집하는 테일러도 있었기 때문이다.

그러나 요즘은 맞춤양복점의 이미지가 많이 달라졌고, 패션의 흐름에 맞춘 패턴과 자신들만의 개성 있는 스타일을 제안하는 곳도 늘어났다. 그 덕분에 젊은 사람들의 인식이 점차 바뀌어 지금은 어떤 연령보다 맞춤양복에 대한 선호도가 높아졌다. 이는 맞춤양복업계에 매우 희망적인 소식이라고 생각한다. 비록 지금은 해외 브랜드에 관심이 쏠려있지만 맞춤옷에 대한 호기심이 언젠가 우리의 브랜드에게도 좋은 반응을 보여줄 거라 굳게 믿고 있다. 우리네 양복 전문가들의 손기술은 세계 어느 나라와 견주어도 결코 뒤지지 않기 때문이다. 실제로 한국은 세계기능올림픽에서 12연패를 기록한 경험도 있다. 따라서 한번 우리의 옷을 입어보면 상황은 전혀 달라지리라 여긴다.

나는 우리가 해외에서 호응을 얻는 것도 다 그런 이유에서라고 생각한다. 우리의 경쟁력은 양복을 입고도 활동이 편안한 핏감 그리고 날씬해 보이는 효과까지 더한데 있었다. 즉, 일상복으로 양복을 입고 생활해도 전혀 불편함이 없다는 점이다. 그럼에도 불구하고 트렌드에 맞게 재해석함을 결코 놓치지 않는다. 이러한 강점이 바로 기술력의 차이이며, 우리가 추구하는 옷의 예술적 가치이다. 거시적으로는 양복을 일상의 생활의복으로 얼마든지 입을 수 있는 문화로 인식을 바꿔나가는데 있다. 물론 그러기 위해서는 지금보다 더 많은 노력이 필요한 것도 사실이다. 나는 '작은 차이가 명품을 만든다'는 소신으로 끊임없이 양복에 대해 연구해가고 있다. 아무리 비슷해 보이는 양복이더라도 맞춤양복에서는 같은 양복이라는 것이 존재하지 않는다. 한 사람 한 사람에게 특별한 의미를 지니는 양복을 만든다는 책임감을 가지고 재단하며, 항상 새로운 스타일에 도전한다. 또한 고객과 적극적으로 소통하고 공감하여 최고의 만족치를 이끄는 명품양복을 구현해 나가고 있다. 훗날에도 유행에 뒤처지지 않는 양복을 만들기 위해 애쓰는 중인 것이다.

 만약 옷을 착용했을 때 무언가 불편하거나 맵시 있게 보이지 않는다든가, 맞춤양복에 대해 알고자 하는 사람들이라면 나는 이런 말을 해주고 싶다.

 "우리 옷을 경험해보라!"

 맞춤양복의 진정한 차이는 경험에서 느끼는 것이다. 아무리 유명 메이커의 기성복이라고 해도 그것이 만족스럽지 못하다면 적어도 맞춤복에서 개선의 여지를 찾아야 하지 않을까? 일단 맞춤복에 관심을 가지다 보면 자신의 신체와 의복에 대한 객관적인 시각이 생기기 마련이다. 그러므로 자신에게 맞는 스타일을 확인하고 갖춰 입을 수 있게 된다.

 따라서 더 멋스럽게 옷을 소화하고자 한다면 경험과 열정이 풍부한

테일러를 찾아가 자신만의 맞춤옷을 제작하여 입어보기를 권하고 싶다. 좋은 맞춤복은 몇 년이 지나도 여전히 멋지고 세련됐다. 오직 단 한 사람, 착용자의 몸에 맞게 만들어졌기 때문이다. 이 세상에 단 한 벌 뿐인 옷, 그것은 맞춤복만이 가질 수 있는 최고의 영예이며 투자라고 할 것이다.

나는 그러한 옷의 가치를 실천하며 전 세계가 감동하는 한국의 핸드메이드 비스포크 메이커로 성장하기 위한 노력을 기울이고 있다. 몇 대에 걸쳐 정통을 이어가는 양복점을 본보기 삼아 '늘 새로운 스타일을 제시하는 집', '좋은 작품을 만드는 곳'이란 평가를 세간에 남기고 싶다.

돈이 아닌 가치를 입힌다

"체인점을 내고 싶은데 어떻게 하면 좋겠습니까?"

양복점이 유명세를 치를수록 사업적 제안도 끊이지 않고 들어왔다. 전국 각지에서 비앤테일러의 이름과 아이템을 가지고 체인점을 열고 싶다는 문의가 쇄도했다. 특히 둘째 아들이 고안한 패셔너블한 스타일의 슈트가 호응을 얻으면서 그 강도는 더욱 심해지기 시작했다. 그 중 가장 절정을 이룬 때는 예복 리폼이 대히트를 치던 해였다.

기존에도 예복 리폼은 이루어졌지만 주로 단순한 예복을 다듬는 정도의 수준으로 진행됐었다. 그런데 2006년 보령양복점의 상호를 바꾸면서 '턱시도 리폼'도 한층 세련된 형태로 이루어지기 시작했다. '슈트를 턱시도로, 턱시도를 슈트'로 두 가지다 변화가 가능하도록 하여 예복 비용에 대한 부담감을 확연히 줄여준 것이다.

가령 예비신랑이 기본 슈트를 선택하면 노치라펠, 세미 피크라펠, 피크 라펠, 숄칼라 등 4가지 원하는 스타일로 만들어주었던 것이다. 라펠뿐만 아니라 버튼과 포켓도 하나하나 공단으로 감싸고 포장하여 고급스럽게 완성해주었다. 이 같은 아이템은 예비부부들에게 열렬한 환영을 받으면서 순식간에 인터넷으로 소문이 퍼져나갔다. 그 바람에 개인은 물론 의류업체에서까지 체인점에 대한 의사를 타진해온 것이다.

사업제안의 액수는 어마어마했다. 당장 재단사를 손 놓고 관리자로만 있어도 걱정이 따로 없을 정도로 꿈의 숫자였다. 행복한 비명이 절로 나오는 순간이었다.

'어쩌면 이것이 그간의 고생에 대한 보상이지 않을까?'

속 시원한 생각도 들었다. 나만이 아닌 양복점 자체도 국내 유명 테일러 샵 브랜드로 도약할 수 있는 절호의 찬스였다. 하지만 과연 이것이 우리에게 유리하기만 한 일인가에 대해서는 의견이 분분했다. 유명해지는 것은 사실이나 일류로 인정받는 것은 다른 문제였기 때문이다.

그동안 우리가 고객에게 사랑받고 성장한 데에는 이익적인 측면보다는 장인의 손길로 탄생한 옷의 가치적인 측면을 더 우선시해서였다. 체인사업의 제안은 최고의 품질을 지향하고 제품의 가치를 높이는 우리의 철학과는 다소 동떨어진 것이었다. 물론 양복점도 매출을 내야 하는 회사이기는 하나 그렇다고 이렇게까지 상업적인 사업을 벌여 이득을 얻는 것이 필요한가는 많은 의문과 고민을 낳았다.

우리는 이 문제를 두고 오랜 시일 고심했다. 그리고 결국 거절하기로 결정했다.

"늘 항상 그래왔듯 돈 보다 가치에 더 치중하도록 하자!"

이것이 우리가 내린 결론이었다. 별다른 대책 없이 공공연히 시작했다가 오히려 명성에 역풍을 맞을지도 모를 일이었다. 가령, 우리 입장에서 체인점이 전국 각지에 생긴다면 과연 그들의 기술력을 신뢰할 수 있는가에 대한 의문이 생겼다. 고객의 입장에서는 분명 비앤테일러라는 이름을 보고 찾아올 텐데 그것에 대해 충분한 만족을 줄지는 전혀 알 수 없는 상황이었다. 만약 만족을 준다 하더라도 고작 본전이지만 반대로 불만이 생긴다면 곧장 우리의 피해로 떠맡게 되는 격이었다. 체인업주의 입장을 보더라도 마찬가지이다. 나름 명성을 기대하고 사업을 시작했을 텐데 실패하면 우리에게 원망이 돌아올 것이 분명했다. 이 또한 지금껏 쌓아올린 우리의 이미지를 훼손하는 일이었다. 그렇기 때문에 기존의 신념과 가치를 지켜나가기로 의견을 모은 것이다.

 이익을 크게 생각했다면 그동안 나는 봉사를 하지 않았을 것이다. 돈에 연연했더라면 고객의 편의를 위해 매장을 이전하고 인테리어를 하거나 트렁크 쇼 등에 투자하는 일은 없었을 것이다. 한국의 명품 테일러 샵을 만든다는 일념 하에 테일러로서의 외길인생을 전부 내맡기고 있다. 여기에 오점을 남기고 싶은 생각은 추호도 없다. 물론 옷을 만들며 자연스레 돈은 생기게 된다. 여기에 굳이 상업적인 거래는 하지 않을 것이다.

 지금 내 나이도 60세 중반을 넘어 노년으로 접어들어 갔다. 나이 들수록 명확해지는 인생의 답은 안분지족(安分知足)이다. 즉, 누구를 탓하거나 불평하지 않고 담담한 마음으로 자기 분수를 지키며 사는 것이 최선의 삶이란 것을 깨닫게 된다. 그래서 나는 오늘도 세계 명품의 정장을 만들기 위한 노력의 끈을 놓지 않고 열심히 일하고 있다. 흔히 '호랑이는 죽어서 가죽을 남기고 사람은 죽어 이름을 남긴다' 하지만 나의 경우에는 가죽처럼 멋진 옷을 남기는 것이 아닐까 싶다. 내 이름보다 내가 지은 양복을 입고 누군가 행복해하는 것이 나의 삶이자 바람이다. 앞으로도 나는 유일무이한 맞춤양복을 선보이며 세계무대 속에서 한국 양복 기술의 우수성을 알리기 위한 노력을 계속해나갈 것이다.

Epilogue

옷은 자신의 신분과 품위를 올려주는 수단이다

　나는 양복 하나만 잘 차려입어도 성공할 수 있다고 믿는 사람이다. 흔히 '옷에 따라 행동이 달라진다.'는 말도 있듯이 어떤 옷을 입느냐에 따라 그에 걸맞는 행동과 자세를 갖추게 되는 법이다. 따라서 옷을 반듯하게 잘 갖춰 입으며 자신의 행동에도 품위가 실리고 바른 태도를 가지려고 노력하게 된다. 또한 사람들의 시선이 달라지고 대우가 달라지기도 한다. 그래서 반듯한 옷차림은 곧 자신을 당당하게 만들어주는 무기이기도 하다.
　특히 남성의 옷은 그 사람의 신분, 품격, 명예 따위를 은연중에 드러내는 상징과도 같다. 우리는 옷차림을 통해 대략적으로 상대방에 대해 파악하게 된다. 비록 그것이 잘못된 정보더라도 상대방에게 가지는 첫인상은 지금 입고 있는 옷이다. 그만큼 옷은 매우 중요하다는 의미이다. 그런데 안타깝게도 나는 왜 대다수의 사람들이 옷을 입지 않고 걸치기만 하는지 모르겠다. 제 몸에 맞는 옷이 아니라 천편일률적으로 대강 유행에만 따라가고 있는 것이다. 즉, 개인의 옷에 대한 철학이 전혀 보이지 않는다는 사실이다. 아무리 요즘 유행하는 옷으로 한 벌 제대로 걸쳤다 해도 그 사람과 조화롭지 않으면 옷을 잘 입었다 할 수 없다.

흔히 '옷을 잘 입기 위해서는 전통을 알아야 하고, 캐주얼을 잘 입기 위해서는 감각을 익혀야 한다.'는 말이 있다. 적어도 자기 편리한 대로 아무렇게나 옷을 걸치는 것이 아니라 꼼꼼히 때와 장소, 격식에 맞게 옷을 입어야 자기의 매력을 부각시킬 수 있고 주위 사람들로부터 호감을 이끌어낼 수가 있다. 그러기 위해서는 무엇보다 자신에 대해 잘 알아야 한다. 자신의 체형 이모저모를 살펴 맞는 옷을 찾아 입는 것이 중요하다. 하지만 이는 의외로 자기 스스로 하기 매우 까다로운 작업이다. 객관적인 시선을 갖추기 어렵기 때문이다. 그럴 때 도움을 얻을 수 있는 것이 전문 테일러의 눈이다.

테일러는 사람마다 다른 체형과 취향, 피부의 색깔, 몸매의 수직/수평 따위를 잘 알고, 그 사람에게 맞는 원단의 색상과 패턴을 맞추어 준다. 어떻게 하면 옷과 그것을 입은 사람이 조화를 이룰까를 늘 염두에 두고 끊임없이 연구하고, 실제 가품을 만들어 시험해보기도 하면서 전문적인 시선을 터득해간다.

 예컨대 고객의 이미지와 체형을 상상하며 단 한 사람의 패턴을 어떻게 그리고 재단할 것이며, 어깨선이나 넓이의 경우 얼마나 넓게 하는가에 따라 고객에게서 느낄 수 있는 풍채가 달라지기 때문에 나는 이것을 꼼꼼히 따져 그중 최선의 선택을 함으로써 고객의 장점을 극대화 시켜 매력을 더욱 살릴 수 있게 하는 것이다. 이것이 바로 양복의 명인들이 하는 일이다.

 어찌 보면 맞춤양복을 만드는 작업은, 옷으로 사람의 인상을 성형시켜주는 일이라고 해도 과언이 아니다. 각 개인의 특성이 드러나는 맞춤복은 단 한 사람만이 누릴 수 있는 호사이다. 또한 전문 테일러의 섬세한 손길에서 탄생한 세밀하고 정제된 맞춤복이야말로 자신의 신분과 품위를 지키는 수단이 되기도 한다.

 남성복은 여성복과 달리 액세서리가 절제된 단순한 복장이라는 점에서 그것만이 갖는 독특한 선의 비례가 굉장히 중요하다. 바로 여기에 품격이 담기게 된다. 자신의 체형에 잘 맞는 옷차림으로 사교적 모임이나 행사장에 초대되어 간다면 평소와는 다른 사회적 시선의 지위를 느끼게 될 것이다.

 결국 '옷을 입는다.'는 것은 단순한 패션 이상의 의미로, 자신이 원하는 인생의 방향으로 이끌어주는 조력자가 되기도 한다. 따라서 자신의 생애 포부를 펼치고 이루는 인생을 살고자 한다면 그에 걸맞는 모습으로 스스로를 가꾸어나가길 바란다.

마지막으로, 앞서 언급했듯이 바늘을 잡고 큰 꿈을 꾼지 50여 년이란 세월이 흘렀다.

그만큼 경험과 노하우를 가지고 있다고 자부하지만, 좋은 양복에 대한 연구에는 끝이 났다고 생각하지 않는다. 나의 부족한 점에 대해 봉제 경력자가 해주는 말이든, 맞춤양복을 처음 접하는 고객이 말하는 불편한 점이든 늘 깊이 생각했다. 세월이 만든 고정관념에서 사로잡혀있지 않으려고 꾸준히 노력했고, 현재도 노력하고 있다. 이 노력에 나의 양복점이 탄생할 수 있었고, 보령양복점에서 비앤테일러로 탈바꿈하여 발전할 수 있었던 원동력이 아니었나 생각해본다.

가령 양복일 뿐만 아니라 어떠한 일이든 한 업에 오랜 시간 일을 하면 누구나 자존심이 생기고, 내가 하는 방식이 최고라는 고정관념에 빠질 수 있지만, 끊임없이 부족한 점을 인지하고 타인의 의견에 수용할 줄 알아야 자신이 발전할 수 있다는 것을 독자들도 깊이 생각해보고 느끼길 바란다.

이 책을 준비하며 지난 오랜 세월을 돌아보는 계기가 되었다. 앞만 보며 힘들게 달려온 세월이 짧지 않다 보니 몸도 마음도 무겁기만 하지 않았나 싶다. 이제는 가슴 한편에 있는 책임감을 조금은 내려놓고 우리 식구들이 앞을 잘 달릴 수 있도록 좋은 길을 만들어주고 싶다.

나의 부족한 점을 옆에서 늘 채워주었던 두 아들과 샵을 함께 꾸려가는 식구들에게 고마움을 전하며, 내가 지은 양복에 대해 관심을 주었던 고객들, 그리고 나의 행보에 늘 옆에 있어주었던 아내에게 무한한 감사의 말씀을 전하는 바이다.